MANESSE BÜCHEREI

26

W0176419

Hermann Hesse
Traumfährte

ERZÄHLUNGEN UND MÄRCHEN

MANESSE VERLAG

ZÜRICH

Dem Maler Ernst Morgenthaler
in Dankbarkeit für schöne Stunden
im Sommer 1945 gewidmet

INHALT

Traumfährte

EINE AUFZEICHNUNG

(1926)

Es war ein Mann, der übte den wenig angesehenen Beruf eines Unterhaltungsschriftstellers aus, gehörte aber immerhin zu jener kleineren Zahl der Literaten, die ihren Beruf nach Möglichkeit ernst nehmen und welchen von einigen Schwärmern eine ähnliche Verehrung entgegengebracht wird, wie sie in früheren Zeiten, als es noch eine Dichtung und Dichter gab, den wirklichen Dichtern dargebracht zu werden pflegte. Dieser Literat schrieb allerlei hübsche Sachen, er schrieb Romane, Erzählungen und auch Gedichte, und gab sich dabei die erdenklichste Mühe, seine Sache gut zu machen. Es glückte ihm jedoch selten, seinem Ehrgeiz Genüge zu tun, denn er machte, obwohl er sich für bescheiden hielt, den Fehler, sich anmaßenderweise nicht mit seinen Kollegen und Zeitgenossen, den andern Unterhaltungsschriftstellern, zu vergleichen und an ihnen zu messen, sondern an den Dichtern der vergangenen Zeit – an jenen also, welche sich schon über Generationen hinweg bewährt hatten, und da mußte er denn zu seinem Schmerze immer wieder bemerken, daß auch die beste und geglückteste Seite, die er je geschrieben, noch hinter dem verlorensten Satz oder Vers jedes wirklichen Dichters weit zurückstand. So wurde er immer unzufriedener und verlor alle Freude an seiner Arbeit, und wenn er noch je und je eine Kleinigkeit schrieb, so tat er es nur, um dieser

Unzufriedenheit und inneren Dürre in Form von bitteren Kritiken an seiner Zeit und an sich selbst ein Ventil und einen Ausdruck zu geben, und natürlich wurde dadurch nichts besser. Manchmal auch versuchte er wieder in die verzauberten Gärten der reinen Dichtung zurückzufinden und huldigte der Schönheit in hübschen Sprachgebilden, worin er der Natur, den Frauen, der Freundschaft sorgfältige Denkmäler errichtete, und diese Dichtungen hatten in der Tat eine gewisse Musik in sich und eine Ähnlichkeit mit den echten Dichtungen echter Dichter, an welche sie erinnerten, wie etwa eine flüchtige Verliebtheit oder Rührung einen Geschäfts- und Weltmann gelegentlich an seine verlorene Seele erinnern kann.

Eines Tages in der Zeit zwischen Winter und Frühling saß dieser Schriftsteller, der so gerne ein Dichter gewesen wäre, und sogar von manchen für einen gehalten wurde, wieder an seinem Schreibtisch. Wie gewohnt, war er spät aufgestanden, erst gegen Mittag, nachdem er die halbe Nacht gelesen hatte. Nun saß er und starrte auf die Stelle des Papiers, an welcher er gestern zu schreiben aufgehört hatte. Es standen kluge Dinge auf diesem Papier, in einer geschmeidigen und kultivierten Sprache vorgetragen, feine Einfälle, kunstvolle Schilderungen, manche schöne Rakete und Leuchtkugel stieg aus diesen Zeilen und Seiten auf, manches zarte Gefühl klang an – dennoch aber war der Schreibende enttäuscht von dem, was er auf seinem Papier las, ernüchtert saß er vor dem, was er gestern abend mit einer gewissen Freude und Begeisterung begonnen hatte, was gestern eine Abendstunde lang wie Dichtung ausgesehen und sich nun über Nacht doch eben wieder in Literatur verwandelt hatte, in leidiges beschriebenes Papier, um das es eigentlich schade war.

Wieder auch fühlte und bedachte er in dieser etwas kläglichen Mittagsstunde, was er schon manche Male gefühlt und bedacht hatte, nämlich die sonderbare Tragikomik seiner Lage, die Torheit seines heimlichen Anspruches auf echtes Dichtertum (da es doch echtes Dichtertum in der heutigen Wirklichkeit nicht gab noch geben konnte) und die Kindlichkeit und dumme Vergeblichkeit seiner Anstrengungen, mit Hilfe seiner Liebe zur alten Dichtung, mit Hilfe seiner hohen Bildung, mit Hilfe seines feinen Gehörs für die Worte der echten Dichter etwas erzeugen zu wollen, was echter Dichtung gleichkam oder doch bis zum Verwechseln ähnlich sah (da er doch recht wohl wußte, daß aus Bildung und aus Nachahmung überhaupt nichts erzeugt werden kann).

Halb und halb war ihm auch bekannt und bewußt, daß die hoffnungslose Streberei und kindliche Illusion all seiner Bemühungen keineswegs nur eine vereinzelte und persönliche Angelegenheit sei, sondern daß jeder Mensch, auch der scheinbar Normale, auch der scheinbar Glückliche und Erfolgreiche ebendieselbe Torheit und hoffnungslose Selbsttäuschung in sich hege, daß jeder Mensch beständig und immerzu nach irgend etwas Unmöglichem strebe, daß auch der Unscheinbarste das Ideal des Adonis, der Dümmste das Ideal des Weisen, der Ärmste das Wunschbild des Krösus in sich trage. Ja, halb und halb wußte er sogar, daß es auch mit jenem so hoch verehrten Ideal der «echten Dichtung» nichts sei, daß Goethe zu Homer oder Shakespeare ganz ebenso hoffnungslos als zu etwas Unerreichbarem emporgeblickt habe, wie ein heutiger Literat etwa zu Goethe emporblicken mochte, und daß der Begriff «Dichter» nur eine holde Abstraktion sei, daß auch Homer und Shakespeare nur Literaten gewesen seien, begabte Spezialisten, welchen es gelungen war, ihren Werken jenen Anschein des Überpersönlichen und Ewigen zu geben. Halb und halb wußte er dies alles, so wie kluge und des Denkens gewohnte Menschen diese selbstverständlichen und schrecklichen Dinge eben zu wissen vermögen. Er wußte oder ahnte, daß auch ein Teil seiner eigenen Schreibversuche auf Leser einer späteren Zeit vielleicht den Eindruck einer «echten Dichtung» machen würde, daß spätere Literaten vielleicht zu ihm und seiner Zeit mit Sehnsucht zurückblicken würden wie zu einem goldenen Zeitalter, wo es noch wirkliche Dichter, wirkliche Gefühle, wirkliche Menschen, eine wirkliche Natur und einen wirklichen Geist gegeben habe. Es hatte, wie ihm bekannt war, der behäbige Kleinstädter der Biedermeierzeit und der feiste Kleinbürger eines mittelalterlichen Städtchens schon ebenso kritisch und ebenso sentimental seine eigene, raffinierte, verdorbene Zeit in Gegensatz gebracht zu einem unschuldigen, naiven, seligen Gestern, und hatte seine Großväter und ihre Lebensweise mit derselben Mischung aus Neid und Mitleid betrachtet, mit welcher der heutige Mensch die selige Zeit vor der Erfindung der Dampfmaschine zu betrachten geneigt ist.

Alle diese Gedanken waren dem Literaten geläufig, alle diese Wahrheiten waren ihm bekannt. Er wußte: dasselbe Spiel, dasselbe gierige, edle, hoffnungslose

Streben nach etwas Gültigem, Ewigem, an sich selbst Wertvollem, das ihn zum Vollschreiben von Papierblättern antrieb, trieb auch alle anderen an: den General, den Minister, den Abgeordneten, die elegante Dame, den Kaufmannslehrling. Alle Menschen strebten irgendwie, sei es noch so klug oder noch so dumm, über sich selbst und über das Mögliche hinaus, befeuert von heimlichen Wunschbildern, geblendet von Vorbildern, gelockt von Idealen. Kein Leutnant, der nicht den Gedanken an Napoleon in sich trug – und kein Napoleon, der nicht zu Zeiten sich selbst als Affen, seine Erfolge als Spielmünzen, seine Ziele als Illusionen empfunden hätte. Keiner, der nicht diesen Tanz mitgetanzt hätte. Keiner auch, der nicht irgendwann in irgendeiner Spalte das Wissen um diese Täuschung gespürt hätte. Gewiß, es gab Vollendete, es gab Menschgötter, es gab einen Buddha, es gab einen Jesus, es gab einen Sokrates. Aber auch sie waren vollendet und vom Allwissen ganz und gar durchdrungen gewesen nur in einem einzigen Augenblick, im Augenblick ihres Sterbens. Ihr Sterben war ja nichts anderes gewesen als das letzte Durchdrungenwerden vom Wissen, als die letzte, endlich geglückte Hingabe. Und möglicherweise hatte jeder Tod diese Bedeutung, möglicherweise war jeder Sterbende ein sich Vollendender, der den Irrtum des Strebens ablegte, der sich hingab, der nichts mehr sein wollte.

Diese Art von Gedanken, so wenig kompliziert sie auch ist, stört den Menschen sehr im Streben, im Tun, im Weiterspielen seines Spiels. Und so ging es auch mit der Arbeit des strebsamen Dichters in dieser Stunde nicht vorwärts. Es gab kein Wort, das würdig gewesen wäre, niedergeschrieben zu werden, es gab keinen Gedanken, dessen Mitteilung wirklich notwendig gewesen wäre. Nein, es war schade um das Papier, es war besser, es unbeschrieben zu lassen.

Mit diesem Gefühl legte der Literat seine Feder weg und steckte seine Papierblätter in die Schieblade; wäre ein Feuer zur Hand gewesen, so hätte er sie ins Feuer gesteckt. Die Situation war ihm nicht neu, es war eine schon oft gekostete, eine gleichsam schon gezähmte und geduldig gewordene Verzweiflung. Er wusch sich die Hände, zog Hut und Mantel an und ging aus. Ortsveränderung war eines seiner längst bewährten Hilfsmittel, er wußte, daß es nicht gut war, in solcher Stimmung lange im selben Raume mit all dem beschriebenen und unbeschriebenen Papier zu bleiben. Besser war es, auszugehen, die Luft zu fühlen und die Augen am Bilderspiel der Straße zu üben. Es konnte sein, daß schöne Frauen ihm begegneten, oder daß er einen Freund antraf, daß eine Horde Schulkinder oder irgendeine drollige Spielerei in einem Schaufester ihn auf andere Gedanken brachte, es konnte sich begeben, daß das Automobil eines der Herren dieser Welt, eines Zeitungsverlegers oder eines reichen Bäckermeisters, ihn an einer Straßenecke überfuhr: lauter Möglichkeiten zur Änderung der Lage, zur Schaffung neuer Zustände.

Langsam schlenderte er durch die Vorfrühlingsluft, sah in den traurigen kleinen Rasenstücken vor den Mietshäusern nickende Büsche von Schneeglöckchen stehen, atmete feuchte laue Märzluft, die ihn verführte, in einen Park einzubiegen. Dort an der Sonne zwischen den kahlen Bäumen setzte er sich auf eine Bank, schloß

die Augen und gab sich dem Spiel der Sinne in dieser
verfrühten Frühlingssonnenstunde hin: wie weich die
Luft sich an die Wangen legte, wie voll versteckter
Glut die Sonne schon kochte, wie streng und bang der
Erdboden duftete, wie freundlich spielerisch zuweilen
kleine Kinderschuhe über den Kies der Wege trappel-
ten, wie hold und allzu süß irgendwo im nackten Ge-
hölz eine Amsel sang. Ja, dies alles war sehr schön, und
da der Frühling, die Sonne, die Kinder, die Amsel
lauter uralte Dinge waren, an welchen schon vor tausend und tausend Jahren der Mensch seine Freude hatte, so war es eigentlich nicht zu verstehen, warum man
nicht am heutigen Tage ebensogut ein schönes Frühlingsgedicht sollte machen können wie vor fünfzig
oder hundert Jahren. Und doch war es nichts damit.
Die leiseste Erinnerung an Uhlands Frühlingslied (allerdings mit der Schubertmusik, deren Vorspiel so
fabelhaft durchdringend und erregend nach Vorfrüh-
ling schmeckt) war hinreichend, um einem heutigen
Dichter auf das eindringlichste zu zeigen, daß jene
entzückenden Dinge für eine Weile zu Ende gedichtet
seien und daß es keinen Sinn habe, jene so unaus-
schöpflich vollen, selig atmenden Gestaltungen irgend
nachahmen zu wollen.

In diesem Augenblick, als des Dichters Gedanken
eben im Begriffe waren, wieder in jene alten unfrucht-
baren Spuren einzulenken, blinzelte er hinter geschlossenen Lidern hervor aus schmaler Augenspalte und
nahm, nicht mit den Augen allein, ein lichtes Wehen
und Blinken wahr, Sonnenscheininseln, Lichtreflexe,
Schattenlöcher, weiß durchwehtes Blau am Himmel,
einen flimmernden Reigen bewegter Lichter, wie jeder

ihn beim Blinzeln gegen die Sonne sieht, nur aber irgendwie betont, auf irgendeine Art wertvoll und einzig, durch irgendeinen geheimen Gehalt aus bloßer Wahrnehmung zu Erlebnis geworden. Was da vielstrahlig aufblitzte, wehte, verschwamm, wellte und mit Flügeln schlug, das war nicht bloß Lichtsturm von außen, und sein Schauplatz war nicht bloß das Auge, es war zugleich Leben, aufwallender Trieb von innen, und sein Schauplatz war die Seele, war das eigene Schicksal. Auf diese Weise sehen die Dichter, die «Seher», auf diese entzückende und erschütternde Art sehen jene, die vom Eros angerührt worden sind. Verschwunden war der Gedanke an Uhland und Schubert und Frühlingslieder, es gab keinen Uhland, keine Dichtung, keine Vergangenheit mehr, alles war ewiger Augenblick, war Erlebnis, war innerste Wirklichkeit.

Dem Wunder hingegeben, das er nicht zum ersten Male erlebte, zu welchem er aber die Berufung und Gnade längst verscherzt zu haben gemeint hatte, schwebte er unendliche Augenblicke im Zeitlosen, im Einklang von Seele und Welt, fühlte seinen Atem die Wolken leiten, fühlte die warme Sonne in seiner Brust sich drehen.

Indem er aber, dem seltenen Erlebnis hingegeben, aus blinzelnden Augen vor sich hinab starrte, alle Sinnestore halb geschlossen haltend, weil er wohl wußte, daß der holde Strom von innen käme – nahm er in seiner Nähe am Boden etwas wahr, was ihn fesselte. Es war, wie er nur langsam und allmählich erkannte, der kleine Fuß eines Mädchens, eines Kindes noch, er stak in braunem Lederhalbschuh und trat auf dem Sand des Weges fest und fröhlich einher, mit dem Gewicht auf dem Absatz. Dieser kleine Mädchenschuh, dies Braun des Leders, dieses kindlichfrohe Auftreten der kleinen Sohle, dieses Stückchen Seidenstrumpf überm zarten Knöchel erinnerte den Dichter an etwas, überwallte sein Herz plötzlich und mahnend wie das Gedächtnis eines wichtigen Erlebnisses, doch vermochte er den Faden nicht zu finden. Ein Kinderschuh, ein Kinderfuß, ein Kinderstrumpf – was ging dies ihn an? Wo war dazu der Schlüssel? Wo war die Quelle in seiner Seele, die gerade diesem Bilde unter Millionen Antwort gab, es liebte, es an sich zog, es als lieb und wichtig empfand? Einen Augenblick schlug er das Auge ganz auf, sah einen halben Herzschlag lang die ganze Figur des Kindes, eines hübschen Kindes, spürte aber sofort, daß dies schon nicht mehr jenes Bild sei, das ihn anginge, das für ihn wichtig sei, und kniff unwillkürlich blitzschnell die Augen wieder so weit zu, daß er nur noch für den Rest eines Augenblickes den entschwindenden Kinderfuß sehen konnte. Dann schloß er die Augen ganz und gar, dem Fuß nachsinnend, seine Bedeutung fühlend, doch nicht wissend, gepeinigt vom vergeblichen Suchen, beseligt von der Kraft dieses Bildes in seiner Seele. Irgendwo, irgendwann war dieses Bildchen, dieser kleine Fuß im braunen Schuh von ihm erlebt und mit Erlebniswert durchtränkt worden. Wann war das gewesen? Oh, es mußte vor langer Zeit gewesen sein, vor Urzeiten, so weit schien es zu liegen, so von fern, so aus unausdenklicher Raumtiefe herauf blickte es ihn an, so tief war es in den Brunnen seines Gedächtnisses gesunken. Vielleicht trug er es, verloren und bis heute nie wieder gefunden, schon seit der ersten Kindheit in sich herum, seit jener fabelhaften

Zeit, deren Erinnerungen alle so verschwommen und unbildlich sind, und so schwer zu rufen, und doch farbenstärker, wärmer, voller als alle späteren Erinnerungen. Lange wiegte er den Kopf, mit geschlossenen Augen, lang sann er hin und wider, sah diesen, sah jenen Faden in sich aufblitzen, diese Reihe, jene Kette von Erlebnissen, aber in keiner war das Kind, war der braune Kinderschuh zu Hause. Nein, es war nicht zu finden, es war hoffnungslos, dies Suchen fortzusetzen.

Es ging ihm mit dem Erinnerungs-Suchen wie es einem geht, der das dicht vor ihm Stehende nicht zu erkennen vermag, weil er es für weit entfernt hält und darum alle Formen umdeutet. In dem Augenblick nun aber, da er seine Bemühungen aufgab und eben bereit war, dies lächerliche kleine Blinzel-Erlebnis fallenzulassen und zu vergessen, rückte die Sache sich um und der Kinderschuh an seine rechte Stelle. Mit einem tiefen Aufseufzen empfand der Mann plötzlich, daß im angehäuften Bildersaal seines Innern der Kinderschuh nicht zuunterst lag, nicht zum uralten Gut gehörte, sondern ganz frisch und neu war. Eben erst hatte er mit diesem Kinde zu tun gehabt, eben erst, so schien ihm, hatte er diesen Schuh hinweglaufen sehen.

Und nun mit einem Schlage hatte er es. Ja, ach ja, da war es, da stand das Kind, zu dem der Schuh gehörte, und war ein Stück aus einem Traum, den der Schriftsteller in der vergangenen Nacht geträumt hatte. Mein Gott, wie war solches Vergessen möglich? Mitten in der Nacht war er aufgewacht, beglückt und erschüttert von der geheimnisvollen Kraft seines Traumes, war erwacht und hatte das Gefühl gehabt, ein wichtiges, herrliches Erlebnis gehabt zu haben – und dann war er nach kurzem wieder eingeschlafen, und eine Stunde Morgenschlaf hatte genügt, das ganze herrliche Erlebnis wieder auszulöschen, so daß er erst in dieser Sekunde wieder, durch den flüchtigen Anblick des Kinderfußes geweckt, daran gedacht hatte. So flüchtig, so vergänglich, so ganz dem Zufall preisgegeben waren die tiefsten, die wunderbarsten Erlebnisse unserer Seele! Und siehe, auch jetzt gelang es ihm nicht mehr, den ganzen Traum dieser Nacht vor sich aufzubauen. Nur vereinzelte Bilder, zum Teil ohne Zusammenhang, waren noch zu finden, einige frisch und voll Lebensglanz, andre schon grau und bestaubt, schon im Verschwimmen begriffen. Und was für ein schöner, tiefer, beseelter Traum war das doch gewesen! Wie hatte ihm bei jenem ersten Erwachen in der Nacht das Herz geschlagen, entzückt und bang wie an Festtagen der Kinderzeit! Wie hatte ihn das lebendige Gefühl durchströmt, mit diesem Traum etwas Edles, Wichtiges, Unvergeßliches, Unverlierbares erlebt zu haben! Und jetzt, diese paar Stunden später, war gerade noch dieses Bruchstückchen da, diese paar schon verwehenden Bildchen, dieser schwache Nachhall im Herzen – alles andre war verloren, war vergangen, hatte kein Leben mehr!

Immerhin, dies wenige war nun gerettet. Der Schriftsteller faßt alsbald den Entschluß, in seinem Gedächtnis alles zusammenzusuchen, was von dem Traume noch darin übrig wäre, und es aufzuschreiben, so treu und genau wie möglich. Alsbald zog er ein Notizbuch aus der Tasche und machte die ersten Aufzeichnungen in Stichworten, um womöglich den Aufbau und Umriß des ganzen Traumes, die Hauptlinien wieder aufzufinden. Aber auch dies glückte nicht. Weder Anfang noch Ende des Traumes war mehr zu erkennen, und von den meisten der noch vorhandenen Bruchstücke wußte er nicht, an welche Stelle der Traumgeschichte sie gehörten. Nein, er mußte anders beginnen. Er mußte vor allem das retten, was noch erreichbar war, mußte die paar noch nicht erloschenen Bilder, vor allem den Kinderschuh, sofort festhalten, ehe auch sie entflogen, diese scheuen Zaubervögel.

So wie ein Totengräber die gefundene Inschrift auf einem uralten Steine abzulesen versucht, ausgehend von den wenigen noch erkennbaren Buchstaben oder Bildzeichen, so suchte unser Mann seinen Traum zu lesen, indem er Stückchen um Stückchen zusammensetzte.

Er hatte im Traum irgend etwas mit einem Mädchen zu tun gehabt, einem seltsamen, vielleicht nicht eigentlich schönen, aber irgendwie wunderbaren Mädchen, das vielleicht dreizehn oder vierzehn Jahre alt, aber an Gestalt kleiner als dies Alter war. Ihr Gesicht war gebräunt gewesen. Ihre Augen? Nein, die sah er nicht. Ihr Name? Nicht bekannt. Ihre Beziehung zu ihm, dem Träumer? Halt, da war der braune Schuh! Er sah diesen Schuh samt seinem Zwillingsbruder sich bewegen, sah ihn tanzen, sah ihn Tanzschritte machen, die Schritte eines Boston. O ja, nun wußte er eine Menge wieder. Er mußte von neuem beginnen.

Also: Er hatte im Traum mit einem wunderbaren, fremden, kleinen Mädchen getanzt, einem Kinde mit gebräuntem Gesicht, in braunen Schuhen – war nicht alles an ihr braun gewesen? Auch das Haar? Auch die Augen? Auch die Kleider? Nein, das wußte er nicht mehr – es war zu vermuten, es schien möglich, aber gewiß war es nicht. Er mußte beim Gewissen bleiben, bei dem, worauf sich sein Gedächtnis tatsächlich stützte, sonst kam er ins Uferlose. Schon jetzt begann er zu ahnen, daß diese Traumsuche ihn weit hinwegführen würde, daß er da einen langen, einen endlosen Weg begonnen habe. Und eben jetzt wieder fand er ein Stück.

Ja, er hatte mit der Kleinen getanzt, oder tanzen wollen, oder sollen, und sie hatte, noch für sich allein, eine Reihe von frischen, sehr elastischen und entzückend straffen Tanzschritten getan. Oder hatte er doch mit ihr getanzt, war sie nicht allein gewesen? Nein. Nein, er hatte nicht getanzt, er hatte es nur gewollt, vielmehr, es war so verabredet worden, von ihm und irgend jemandem, daß er mit dieser kleinen Braunen tanzen solle. Aber zu tanzen hatte dann doch nur sie allein begonnen, ohne ihn, und er hatte sich ein wenig vor dem Tanzen gefürchtet oder geniert, es war ein Boston, den konnte er nicht gut. Sie aber hatte zu tanzen begonnen, allein, spielend, wundervoll rhythmisch, mit ihren kleinen braunen Schuhen hatte sie sorgfältig die Figuren des Tanzes auf den Teppich geschrieben. Aber warum hatte er selbst nicht getanzt? Oder warum hatte er ursprünglich tanzen wollen? Was war das für eine Verabredung gewesen? Das konnte er nicht finden.

Es meldete sich eine andere Frage: Wem hatte das liebe kleine Mädchen geglichen, an wen erinnerte sie? Lange suchte er vergeblich, alles schien wieder hoffnungslos, und einen Augenblick wurde er geradezu ungeduldig und verdrießlich, beinahe hätte er alles wieder aufgegeben. Aber da war schon wieder ein Einfall da, eine neue Spur glänzte auf. Die Kleine hatte seiner Geliebten geglichen – o nein, geglichen hatte sie ihr nicht, er war sogar darüber erstaunt gewesen, sie ihr so wenig ähnlich zu finden, obwohl sie doch ihre Schwester war. Halt! Ihre Schwester? Oh, da sprang ja die ganze Spur wieder leuchtend auf, alles bekam Sinn, alles war wieder da. Er begann von neuem aufzuzeichnen, hingerissen von der plötzlich hervortretenden Inschrift, tief entzückt von der Wiederkehr der verloren geglaubten Bilder.

So war es gewesen: Im Traum war seine Geliebte dagewesen, Magda, und zwar war sie nicht wie in der letzten Zeit zänkisch und böser Laune gewesen, sondern überaus freundlich, etwas still, aber vergnügt und hübsch. Magda hatte ihn mit einer besonderen stillen Zärtlichkeit begrüßt, ohne Kuß, sie hatte ihm die Hand gegeben und ihm erzählt, jetzt wolle sie ihn endlich mit ihrer Mutter bekannt machen, und dort bei der Mutter werde er dann ihre jüngere Schwester kennenlernen, die ihm später zur Geliebten und Frau bestimmt sei. Die Schwester sei sehr viel jünger als sie und tanze sehr gerne, er werde sie am raschesten gewinnen, wenn er mit ihr tanzen gehe. Wie schön war Magda in diesem Traume gewesen! Wie hatte alles Besondere, Liebliche, Seelenvolle, Zarte ihres Wesens, so wie es in seinen Vorstellungen von ihr zur Zeit seiner größten Liebe gelebt hatte, aus ihren frischen Augen, aus ihrer klaren Stirn, aus ihrem vollen duftenden Haar geleuchtet!

Und dann hatte sie ihn im Traume in ein Haus geführt, in ihr Haus, ins Haus ihrer Mutter und Kindheit, in ihr Seelenhaus, um ihm dort ihre Mutter zu zeigen und ihre kleine schönere Schwester, damit er diese Schwester kennenlerne und liebe, denn sie sei ihm zur Geliebten bestimmt. Er konnte sich aber des Hauses nicht mehr erinnern, nur einer leeren Vorhalle, in welcher er hatte warten müssen, und auch der Mutter konnte er sich nicht mehr entsinnen, nur eine alte Frau, eine grau oder schwarz gekleidete Bonne oder Pflegerin war im Hintergrunde sichtbar gewesen. Dann aber war die Kleine gekommen, die Schwester, ein entzückendes Kind, ein Mädchen von etwa zehn oder elf Jahren, im Wesen aber wie eine Vierzehnjährige. Besonders ihr Fuß in dem braunen Schuh war so kindlich gewesen, so völlig unschuldig, lachend und unwissend, so noch gar nicht damenhaft und doch so weiblich! Sie hatte seine Begrüßung freundlich aufgenommen, und Magda war von diesem Augenblick an verschwunden, es war nur noch die Kleine da. Sich an Magdas Rat erinnernd, schlug er ihr vor, zu tanzen. Und da hatte sie alsbald aufstrahlend genickt und ohne Zögern zu tanzen begonnen, allein, und er hatte sich nicht getraut, sie zu umfassen und mitzutanzen, einmal, weil sie so schön und vollkommen war in ihrem kindlichen Tanz, und dann auch, weil das, was sie tanzte, ein Boston war, ein Tanz, in dem er sich nicht sicher fühlte.

Mitten zwischen seinen Bemühungen, der Traumbilder wieder habhaft zu werden, mußte der Literat einen Augenblick über sich selbst lächeln. Es fiel ihm ein, daß er soeben noch gedacht hatte, wie unnütz es sei, sich um ein neues Frühlingsgedicht zu bemühen, da doch dies alles längst unübertrefflich gesagt sei – aber wenn er an den Fuß des tanzenden Kindes dachte, an die leichten holden Bewegungen der braunen Schuhe, an die Sauberkeit der Tanzfigur, die sie auf den Teppich schrieben, und daran, wie über all dieser hübschen Grazie und Sicherheit doch ein Hauch von Befangenheit, ein Duft von Mädchenscheu gelegen hatte, dann war ihm klar, daß man bloß diesem Kinderfuß ein Lied zu singen brauchte, um alles zu übertreffen, was die früheren Dichter je über Frühling und Jugend und Liebesahnung gesagt hatten. Aber kaum waren seine Gedanken auf dies Gebiet hinüber abgeirrt, kaum hatte er begonnen, flüchtig mit dem Gedanken an ein Gedicht «An einen Fuß im braunen Schuh» zu spielen, da fühlte er mit Schrecken, daß der ganze Traum ihm wieder entgleiten wollte, daß all die seligen Bilder undicht wurden und wegschmolzen. Ängstlich zwang er seine Gedanken zur Ordnung, und fühlte doch, daß der ganze Traum, mochte er seinen Inhalt auch aufgeschrieben haben, ihm in diesem Augenblick doch schon nicht mehr ganz und gar gehöre, daß er fremd und alt zu werden beginne. Und er fühlte auch sofort, daß dies immer so sein werde: daß diese entzückenden Bilder ihm stets nur so lange zu eigen gehören und seine Seele mit ihrem Duft erfüllen würden, als er mit ganzem Herzen bei ihnen verweilte, ohne Nebengedanken, ohne Absichten, ohne Sorgen.

Nachdenklich trat der Dichter seinen Heimweg an, den Traum vor sich hertragend wie ein unendlich krauses, unendlich zerbrechliches Spielzeug aus dünnstem Glase. Er war voll Bangen um seinen Traum. Ach, wenn es ihm nur glücken würde, die Gestalt der Traumgeliebten ganz wieder in sich aufzubauen! Aus dem braunen Schuh, aus der Tanzfigur, aus dem

Schimmer von Braun im Gesicht der Kleinen, aus diesen wenigen kostbaren Resten das Ganze wieder herzustellen, das schien ihm wichtiger als alles andere auf der Welt. Und mußte es nicht in der Tat unendlich wichtig für ihn sein? War nicht diese anmutige Frühlingsgestalt ihm zur Geliebten versprochen, war sie nicht aus den tiefsten und besten Quellen seiner Seele geboren, ihm als Sinnbild seiner Zukunft, als Ahnung seiner Schicksalsmöglichkeiten, als sein eigenster Traum vom Glücke entgegengetreten? – Und während er bangte, war er doch im Innersten unendlich froh. War es nicht wunderbar, daß man solche Dinge träumen konnte, daß man diese Welt aus luftigstem Zaubermaterial in sich trug, daß innen in unserer Seele, in der wir so oft verzweifelt wie in einem Trümmerhaufen vergebens nach irgendeinem Rest von Glauben, von Freude, von Leben gesucht haben, daß innen in dieser Seele solche Blumen aufwachsen konnten?

Zu Hause angekommen, schloß der Literat die Tür hinter sich ab und legte sich auf einen Ruhestuhl. Das Notizbuch mit seinen Aufzeichnungen in der Hand, las er aufmerksam die Stichworte durch, und fand, daß sie wertlos seien, daß sie nichts gaben, daß sie nur hinderten und verbauten. Er riß die Blätter aus und vernichtete sie sorgfältig, und beschloß, nichts mehr aufzuschreiben. Unruhig lag er und suchte Sammlung, und plötzlich kam ein Stück des Traumes wieder hervor, plötzlich sah er sich wieder im fremden Hause in jener kahlen Vorhalle warten, sah im Hintergrunde eine besorgte alte Dame im dunkeln Kleide hin und wider gehen, fühlte noch einmal den Augenblick des Schicksals: daß jetzt Magda gegangen sei, um ihm seine neue, jüngere, schönere, seine wahre und ewige Geliebte zuzuführen. Freundlich und besorgt blickte die alte Frau zu ihm herüber – und hinter ihren Zügen und hinter ihrem grauen Kleide tauchten andere Züge und andre Kleider auf, Gesichter von Wärterinnen und Pflegerinnen aus seiner eigenen Kindheit, das Gesicht und graue Hauskleid seiner Mutter. Und aus dieser Schicht von Erinnerungen, aus diesem mütterlichen, schwesterlichen Kreise von Bildern also fühlte er die Zukunft, die Liebe ihm entgegenwachsen. Hinter dieser leeren Vorhalle, unter den Augen besorgter, lieber, treuer Mütter und Mägde war das Kind herangediehen, dessen Liebe ihn beglücken, dessen Besitz sein Glück, dessen Zukunft seine eigne sein sollte.

Auch Magda sah er nun wieder, wie sie ihn ohne Kuß so sonderbar zärtlich-ernst begrüßte, wie ihr Gesicht noch einmal, wie im Abendgoldlicht, allen Zauber umschloß, den es einst für ihn gehabt, wie sie im Augenblick des Verzichtens und Abschiednehmens noch einmal in aller Liebenswürdigkeit ihrer seligsten Zeiten strahlte, wie ihr vertieftes und verdichtetes Gesicht die Jüngere, Schönere, Wahre, Einzige voraus verkündete, welche ihm zuzuführen und gewinnen zu helfen sie gekommen war. Sie schien ein Sinnbild der Liebe selbst zu sein, ihrer Demut, ihrer Wandlungsfähigkeit, ihrer halb mütterlichen, halb kindlichen Zauberkraft. Alles, was er je in diese Frau hineingesehen, hineingeträumt, hineingewünscht und gedichtet hatte, alle Verklärung und Anbetung, die er ihr einst in der hohen Zeit seiner Liebe dargebracht hatte, war in ihrem Gesicht gesammelt, ihre ganze Seele, samt seiner eigenen Liebe war Gesicht geworden, strahlte sichtbar aus ernsten, holden Zügen, lächelte traurig und freundlich aus ihren Augen. War es möglich, von einer solchen Geliebten Abschied zu nehmen? Aber ihr Blick sagte: es muß Abschied genommen werden, es muß Neues geschehen.

Und herein auf kleinen flinken Kinderfüßen kam das Neue, kam die Schwester, aber ihr Gesicht war nicht zu sehen, nichts von ihr war deutlich zu sehen, als daß sie klein und zierlich war, in braunen Schuhen stak, Braunes im Gesicht und Braunes im Gewand hatte, und daß sie mit einer entzückenden Vollendung tanzen konnte. Und zwar Boston – den Tanz, den ihr zukünftiger Geliebter gar nicht gut konnte. Mit gar nichts anderem konnte die Überlegenheit des Kindes über den Erwachsenen, Erfahrenen, oft Enttäuschten besser ausgedrückt werden als damit, daß sie so frei und schlank und fehlerlos tanzte, und ausgerechnet den Tanz, worin er schwach, worin er ihr hoffnungslos unterlegen war!

Den ganzen Tag blieb der Literat mit seinem Traum beschäftigt, und je tiefer er in ihn eindrang, desto schöner schien er ihm, desto mehr schien er ihm alle Dichtungen der besten Dichter zu übertreffen. Lange Zeit, manche Tage lang hing er dem Wunsche und Plane nach, diesen Traum so aufzuschreiben, daß er nicht nur für den Träumer selbst, sondern auch für andere diese unnennbare Schönheit, Tiefe und Innigkeit habe. Spät erst gab er diese Wünsche und Versuche auf, und sah, daß er sich damit begnügen müsse, in seiner Seele ein echter Dichter zu sein, ein Träumer, ein Seher, daß sein Handwerk aber das eines bloßen Literaten bleiben müsse.

Tragisch

(1922)

Als dem Chefredakteur gemeldet wurde, der Setzer Johannes warte seit einer Stunde im Vorzimmer und lasse sich durchaus nicht abweisen oder auf ein anderes Mal vertrösten, nickte er mit einem etwas melancholischen und ergebenen Lächeln und drehte sich auf seinem runden Bureaustuhl dem leise Eintretenden entgegen. Er wußte im voraus, welcherlei Anliegen den treuen weißbärtigen Schriftsetzer zu ihm führte, wußte, daß dies Anliegen eine hoffnungslose, ebenso sentimentale wie langweilige Sache sei, daß er dieses Mannes Wünsche nicht erfüllen und ihm keinen andern Gefallen erweisen könne als den, ihn mit artiger Miene anzuhören, und da der Bittsteller, ein seit vielen Jahren bei der Zeitung arbeitender Schriftsetzer, nicht nur ein sympathischer und achtungswerter Mensch, sondern auch ein Mann von Bildung war, nämlich ein in der vormodernen Periode sehr geschätzter, beinahe berühmter Schriftsteller, empfand der Redakteur bei seinen Besuchen, welche erfahrungsgemäß ein- bis zweimal im Jahre erfolgten und stets dieselbe Ansicht und denselben Erfolg, vielmehr Mißerfolg hatten, ein Gefühl, aus Mitleid und Verlegenheit gemischt, das sich bis zu starkem Unbehagen steigerte, als nun der Gemeldete leise eintrat und mit behutsamer Höflichkeit völlig geräuschlos die Türe hinter sich schloß.

«Setzen Sie sich, Johannes», sagte der Chefredakteur in ermunterndem Tone (beinahe demselben Ton, den er vor Zeiten als Feuilletonredakteur gegen die jungen

Literaten angewandt hatte und heut jungen Politikern gegenüber verwendete). «Wie geht es denn? Haben Sie etwas zu klagen?»

Johannes blickte ihn aus den von ungeheuer vielen winzigen Hautfalten umgebenen Augen, Kinderaugen im Gesichte eines Greises, schüchtern und traurig an.

«Es ist stets dasselbe», sagte er mit einer trauernd sanften Stimme. «Und es wird immer schlimmer, es geht rasch dem völligen Untergang entgegen. Ich habe neuerdings furchtbare Symptome festgestellt. Was vor zehn Jahren noch selbst dem Durchschnittsleser die Haare gesträubt hätte, das wird heute nicht bloß vom Leser willig hingenommen, in den vermischten Nachrichten und im Sportbericht, vom Inserat gar nicht zu reden – nein, selbst im Feuilleton, selbst im Leitartikel ist es eingerissen, auch bei guten, geschätzten Literaten sind heute diese Fehler, diese Ungeheuerlichkeiten und Entartungserscheinungen etwas Selbstverständliches, sind die Regel geworden. Auch bei Ihnen, Herr Chefredakteur, verzeihen Sie, auch bei Ihnen! Ich will ja längst nichts mehr darüber sagen, daß unsere Schriftsprache nur noch ein Bettlerjargon ist, verarmt und verlaust, daß alle schönen, reichen, seltenen, hochkultivierten Formen verschwunden sind, daß ich seit Jahren in keinem Leitartikel mehr ein Futurum exactum, geschweige denn einen reichen, vollatmigen, edel gebauten, elastisch schreitenden Satz, eine gediegene, ihrer Struktur bewußte, schön ansteigende, anmutig abklingende Periode mehr angetroffen habe. Ich weiß, dies ist dahin. Wie sie auf Borneo und all jenen Inseln den Paradiesvogel, den Elefanten, den Königstiger ausgerottet haben, so haben sie all die holden Sätze, all die Inversionen, all die zarten Spiele und Schattierungen unserer lieben Sprache vernichtet und ausgerissen. Ich weiß, da ist nichst mehr zu retten. Aber die direkten Fehler, die stehengebliebenen krassen Flüchtigkeiten, die völlige Gleichgültigkeit auch den Grundregeln der grammatischen Logik gegenüber! Ach, Herr Doktor, da fängt man einen Satz, aus alter Gewohnheit, mit ‹Obschon› oder mit ‹Einerseits› an, und vergißt, nach kaum zwei Zeilen, die doch gewiß nicht komplizierten Verpflichtungen, die man sich mit diesem Satzanfange auferlegt hat, man unterschlägt den Nachsatz, biegt in eine andre Konstruktion ein, und es sind noch die Besten, die den Skandal wenigstens hinter einen Gedankenstrich zu verbergen, ihn durch die Kulisse einer kleinen Punktreihe abzudämpfen suchen. Sie wissen, Herr Chefredakteur, auch zu Ihrem Rüstzeug gehört dieser Gedankenstrich. Er war mir einst, vor Jahren, fatal, er war mir verhaßt, aber es ist dahin gekommen, daß ich ihn heute mit Rührung begrüße, wenn er sich einmal zeigt, daß ich Ihnen für jeden solchen Gedankenstrich tief dankbar bin, denn er ist immerhin ein Rest des Ehemals, er ist ein Zeichen, von Kultur, von schlechtem Gewissen, er ist ein abgekürztes, chiffriertes Bekenntnis des Schreibenden, daß er sich einer gewissen Verpflichtung gegen die Gesetze der Sprache bewußt ist, daß er es gewissermaßen bereut und bedauert, wenn er, von beklagenswerten Notwendigkeiten gezwungen, allzuoft sich am heiligen Geist der Sprache versündigen muß.»

Der Redakteur, welcher während dieser Rede mit geschlossenen Augen an den Kalkulationen weitergerechnet hatte, in denen ihn der Besuch unterbrach, öffnete langsam seine Augen, ließ sie heiter auf Johannes ruhen, lächelte mit Wohlwollen und sagte langsam, begütigend, dem Alten zuliebe um anständige Formulierungen sichtlich bemüht:

«Sehen Sie, Johannes, Sie haben vollkommen recht, ich habe Ihnen dies schon früher stets gerne zugegeben. Sie haben recht: jene Sprache der älteren Zeit, jene kultivierte, schön gepflegte Sprache, die vor zwei, drei Jahrzehnten noch von zahlreichen Autoren wenigstens annähernd gekannt war und gekonnt wurde, diese Sprache ist untergegangen. Sie ging unter, wie die Bauten der Ägypter und die Systeme der Gnostiker untergegangen sind, wie Athen und Byzanz untergehen mußten. Das ist traurig, lieber Freund, es ist tragisch – (bei diesem Wort zuckte der Setzer zusammen und öffnete die Lippen wie zu einem Ausruf, bezwang sich jedoch und sank ergeben in seine vorherige Haltung zurück) – aber es ist unsre Bestimmung und muß unser Streben sein, nicht wahr, das Notwendige, das schicksalhaft sich Vollziehende hinzunehmen, sei es noch so traurig. Wie ich Ihnen ja auch früher schon sagte: es ist schön, dem Gewesenen eine gewisse Treue zu bewahren, und in Ihrem Falle kann ich diese Treue nicht nur verstehen, sondern muß sie bewundern. Aber das Festhalten an Dingen und Zuständen, welche nun einmal dem Untergang geweiht sind, muß seine Grenzen haben; das Leben selbst steckt uns diese Grenzen, und wenn wir darüber hinausgehen, wenn wir allzu zäh am Alten hängen, geraten wir eben in Widerspruch mit dem Leben, das stärker ist als wir. Ich verstehe Sie sehr gut, glauben Sie mir das. Sie, der Sie als ein ausgezeichneter Beherrscher jener Sprache, jener ererbten schönen

31

Tradition bekannt sind, Sie, der einstige Dichter, müssen natürlich mehr als andre unter dem Verfalls- oder Übergangszustande leiden, in dem unsere Sprache, unsere ganze ehemalige Kultur sich befindet. Daß Sie als Setzer diesen Verfall täglich mit ansehen, ja an ihm teilnehmen und gewissermaßen mitarbeiten müssen, hat etwas Bitteres, etwas von Trag – (bei diesen Worten zuckte Johannes wieder zusammen, so daß der Redakteur unwillkürlich ein andres Wort suchte) – hat etwas von Schicksalsironie. Aber so wenig wie Sie selbst, so wenig kann ich oder irgendein andrer da helfen. Wir müssen die Dinge gehen lassen und uns fügen.»

Der Redakteur betrachtete das ebenso kindliche wie sorgenvolle Gesicht des alten Setzers mit Sympathie. Es war zugegeben, diese allmählich aussterbenden Vertreter der alten Welt, der vormodernen, sogenannten «sentimentalen» Epoche hatten etwas für sich, sie waren angenehme Menschen, trotz ihren Wehleidigkeiten. Mit gütigem Tone fuhr er fort:

«Sie wissen, vor etwa zwanzig Jahren, lieber Freund, wurden in unserem Lande die letzten Dichtungen gedruckt, teils noch in Form von Büchern, was freilich damals schon sehr selten geworden war, teils in den Feuilletons der Zeitungen. Dann kam, eigentlich ganz plötzlich, über uns alle die Einsicht, daß mit diesen Dichtungen etwas nicht stimme, daß sie entbehrlich, daß sie eigentlich töricht seien. Wir merkten damals etwas, es wurde uns etwas bewußt, was im stillen sich längst vollzogen hatte und nun plötzlich als erkannte Tatsache vor uns stand: daß die Zeit der Kunst vorüber, daß Kunst und Dichtung in unsrer Welt abgestorben waren, und daß es besser sei, sie ganz zu verabschieden, als sie, tot wie sie doch waren, weiter mit uns zu schleppen. Für uns alle, auch für mich, war dies damals eine recht bittere Erkenntnis. Und doch haben wir recht daran getan, ihr nachzuleben. Wer Goethe oder so etwas lesen will, kann es tun wie zuvor, ihm geht nichts dadurch verloren, daß nicht mehr Tag für Tag ein Berg von neuer, schwächlicher, entnervter Dichtung nachwächst. Wir haben uns alle damit abgefunden. Auch Sie taten es, Johannes, als Sie damals Ihren poetischen Beruf niederlegten und sich eine schlichte Brotarbeit suchten. Und wenn Sie nun heute in Ihrem Alter allzusehr darunter leiden, daß Sie als Setzer so oft in Konflikt mit der Ihnen heilig gebliebenen Tradition und Kultur der Sprache geraten, dann, lieber Freund, mache ich Ihnen den Vorschlag: Geben Sie diese mühsame und wenig dankbare Arbeit auf! – Warten Sie noch, lassen Sie mich reden! Sie fürchten, Ihr Brot zu verlieren? Aber nein, da müßten wir ja Barbaren sein! Nein, von Hunger keine Rede. Sie sind altersversichert, und darüber hinaus wird unsere Firma – ich gebe Ihnen mein Wort – Ihnen lebenslang eine Pension gewähren, so daß Sie stets desselben Einkommens sicher sein können, das Sie zurzeit haben.» Er war mit sich zufrieden. Diese Lösung, mit der Pensionierung, war ihm erst während des Sprechens eingefallen.

«Nun, was sagen Sie dazu?» fragte er lächelnd.

Johannes konnte nicht sogleich antworten. Bei den letzten Worten des gütigen Herrn hatte sein altes Kindergesicht den Ausdruck furchtbarer Angst angenommen, die welken Lippen waren ganz erbleicht, die

Augen schauten starr und ratlos. Nur langsam fand er die Fassung wieder. Enttäuscht betrachtete ihn der Chef. Und so fing der Alte an zu reden, redete sehr leise, aber mit ungeheurer angstvoller Dringlichkeit, leidenschaftlich bemüht, seine Sache zum richtigen, überzeugenden, unwiderstehlichen Ausdruck zu bringen. Kleine rote Flecken kamen und vergingen auf Stirn und Wangen, flehentlich bat Auge und schräge Kopfhaltung um Gehör, um Gnade, der faltige dürre Hals wand sich lang, bittstellend, sehnlich aus dem weiten Hemdkragen. Johannes sprach:

«Herr Chefredakteur, verzeihen Sie doch bitte, daß ich Sie belästigt habe! Ich will es nicht wieder tun, nie wieder. Es geschah ja um einer guten Sache willen, aber ich begreife, daß ich Ihnen damit lästig werde. Ich begreife auch, daß Sie mir nicht helfen können, daß das Rad über uns alle weggeht. Aber um Gottes willen, nehmen Sie mir meine Arbeit nicht! Sie beruhigen mich darüber, daß ich nicht zu hungern brauche – aber das habe ich nie gefürchtet! Ich will auch gerne für geringeren Lohn arbeiten, meine Arbeitskraft ist ja wohl nicht mehr groß. Aber lassen Sie mir meine Arbeit, lassen Sie mir meinen Dienst, sonst töten Sie mich!» Und ganz leise, mit glühenden Augen, heiser und angespannt fuhr er fort: «Ich habe ja nichts als diesen Dienst, er ist ja das einzige, wofür ich gerne lebe! Ach, Herr Doktor, wie konnten Sie mir diesen furchtbaren Vorschlag machen, Sie, der einzige, der mich noch kennt, der noch weiß, wer ich einst war!»

Der Redakteur suchte die beängstigende Erregung des Mannes zu beruhigen, indem er ihm mehrmals unter wohlwollendem Brummen auf die Schultern

34

klopfte. Nicht beruhigt, jedoch das Wohlwollen des andern und seine Teilnahme spürend, begann Johannes nach kurzer Pause wieder zu sprechen:

«Herr Chefredakteur, ich weiß, daß Sie einst, in ihrer ersten Jugendzeit, Bücher von Nietzsche gelesen haben. Nun, auch ich habe ihn gelesen. Mit siebzehn Jahren, eines Abends in meiner lieben Schülerdachstube, kam ich beim Lesen des Zarathustra an jene Seiten, auf denen das Nachtlied steht. Nie, in diesen fast sechzig Jahren, habe ich jene Stunde vergessen, da ich zum ersten Male die Worte las: Nacht ist es, nun reden lauter alle springenden Brunnen –! Denn in jener Stunde war es, wo mein Leben seinen Sinn bekam, wo ich den Dienst begann, in dem ich noch heute stehe, in jener Stunde ging mir wie in einem Blitzstrahl das Wunder der Sprache auf, der unsägliche Zauber des Wortes; geblendet sah ich in ein unsterbliches Auge, fühlte eine göttliche Gegenwart, und ergab mich in sie als in mein Schicksal, meine Liebe, mein Glück und Verhängnis. Andere Dichter las ich dann, fand noch edlere, noch heiligere Worte als jenes Nachtlied, fand, vom Magnet gezogen, unsere großen Dichter, die niemand mehr kennt, fand den traumsüßen, traumschweren Novalis, dessen magische Worte alle wie nach Wein und wie nach Blut schmecken, und den feurigen jungen Goethe, und den alten mit dem geheimnisvollen Lächeln, ich fand den dunkelhastigen, schwer atmenden Kleist, den trunkenen Brentano, den raschen, zuckenden Hoffmann, den holden Mörike, den langsamen sorgfältigen Stifter, und alle, alle die Herrlichen: Jean Paul! Arnim! Büchner! Eichendorff! Heine! An sie hielt ich mich, ihr kleinerer Bruder zu sein, wurde mein Verlangen, ihre Sprache zu schlürfen, mein Sakrament, der hohe heilige Wald dieser Dichtung ward mein Tempel. In ihrer Welt habe ich gelebt, hielt mich eine Zeitlang beinahe für ihresgleichen, kannte tief die wunderbare Wollust, im geschmeidigen Stoff der Worte zu wühlen wie Wind im zärtlichen Sommerlaub, die Worte klingen zu machen, tanzen zu machen, sie knistern, schauern, knallen, singen, schreien, frieren, zittern, zucken, erstarren zu machen. Es fanden sich Menschen, die in mir einen Dichter erkannten, in deren Herzen meine Melodien wie in Harfen wohnten. Nun, genug davon, genug. Es kam jene Zeit, von der auch Sie vorher zu sprechen beliebten, jene Zeit, wo sich unser ganzes Geschlecht von der Dichtung abwandte, wo wir alle wie in einem herbstlichen Schauder spürten: Nun sind die Tempeltüren zugeschlagen, nun ist es Abend, und die heiligen Wälder der Dichtung sind verdunkelt, kein Heutiger mehr findet die Zauberpfade ins göttliche Innere. Still wurde es, still verloren wir Dichter uns in das ernüchterte Land, dem der große Pan gestorben war.»

Der Redakteur reckte seine Schultern in einem Gefühl tiefen Unbehagens, in einem zwiespältigen, quälenden Gefühl. Wohin verlor sich dieser arme alte Mann?! Er warf ihm einen heimlichen Blick zu, in dem geschrieben stand: «Nun ja, laß schon gut sein, wir wissen ja!» Aber Johannes war noch nicht am Ende.

«Damals», fuhr er fort, leise und angestrengt zu reden, «damals nahm auch ich Abschied von der Dichtung, deren Herz nicht mehr schlug. Eine Weile lebte ich gelähmt und gedankenlos dahin, bis mich die Verringerung und endlich das Ausbleiben der gewohnten

Einkünfte aus meinen Schriften zwang, mir ein anderes Brot zu suchen. Ich wurde Setzer, weil ich zufällig diese Arbeit einst als Volontär bei einem Verleger gelernt hatte. Und ich habe es nicht bereut, wenn auch das Handwerk mir in den ersten Jahren recht bitter schmeckte. Aber ich fand in ihm das, was ich brauchte, was jeder Mensch braucht, um leben zu können: eine Aufgabe, einen Sinn meines Daseins. Verehrter Herr, auch ein Setzer dient im Tempel der Sprache, auch sein Handwerk gehört zum Dienst am Worte. Ich darf es Ihnen heute, wo ich ein alter Mann bin, gesehen: ich habe in Leitartikeln, in Feuilletons, in Parlamentsberichten, im Gerichtssaal, im Lokalen und in den Inseraten durch alle die Jahre viele Tausende und Zehntausende von Sprachsünden stillschweigend verbessert, viele Tausende von schlechtgebauten Sätzen eingerenkt und auf die Füße gestellt. O welche Freude mir das machte! Wie schön war es, wenn aus dem hingeschleuderten Diktat eines überanstrengten Redakteurs, aus dem verstümmelten Zitat eines halbgebildeten Parlamentsredners, aus der deformierten, paralytischen Syntax eines Reporters mich, nach wenigen magischen Strichen und Eingriffen, die holde Sprache wieder mit unverstellten, gesunden Zügen ansah! Aber mit der Zeit wurde dies immer schwieriger, der Unterschied zwischen meiner und der modischen Schriftsprache immer größer, die Risse im Bau immer breiter. Ein Leitartikel, den ich vor zwanzig Jahren durch zehn, zwölf kleine Liebesdienste leidlich heilen konnte, würde heute hundert und tausend Korrekturen erfordern, um in meinem Sinne leserlich zu werden. Es ging nicht mehr, immer häufiger mußte ich resignieren. Nun ja, Sie sehen, auch ich bin nicht völlig starr und reaktionär, auch ich lernte, leider, Konzessionen zu machen, dem großen Übel nicht mehr zu widerstehen.

Aber nun ist noch das andere da, das, was ich früher meinen ‹kleinen Dienst› nannte und was längst mein einziger geworden ist. Vergleichen Sie, Herr Doktor, einmal eine von mir gesetzte Spalte mit einer beliebigen andern Zeitung, so wird Ihnen der Unterschied in die Augen springen. Die heutigen Setzer, alle ohne Ausnahme, haben sich längst der Sprachverderbnis angepaßt, ja unterstützen und beschleunigen sie geradezu. Kaum einer weiß mehr, daß es ein zartes und inniges Gesetz gibt, ein ungeschriebenes künstlerisches Gesetz, nach welchem hier ein Komma, hier ein Doppelpunkt, hier ein Semikolon stehen muß. Und wie scheußlich, wie geradezu mörderisch werden, schon in den maschinengeschriebenen Manuskripten, und dann von den Setzern, jene Wörter behandelt, welche am Schluß einer Zeile stehen und das unverschuldete Unglück haben, zu lang zu sein und in zwei Teile zerlegt werden müssen! Es ist grauenvoll. In unserer eigenen Zeitung habe ich, mit den Jahren stets zunehmend, Hunderttausende von solchen armen Wörtern, erwürgten, falsch geteilten, zerfetzten und geschändeten Wörtern antreffen müssen: Umst-ände – Betra-chtungen, ja einmal gab es einen Schlup-fwinkel! Hier nun ist mein Feld, hier kann ich auch heute noch den täglichen Kampf kämpfen, im Kleinen das Gute tun. Und Sie wissen nicht, Sie ahnen nicht, Herr, wie schön das ist, wie gut, wie dankbar ein von der Folterbank erlöstes Wort, ein durch richtige Interpunktion geklärter Satz den Setzer anblickt! Nein, bitte verlangen Sie nie wieder von mir, daß ich dies alles wegwerfe und im Stiche lasse!»

Der Redakteur, obwohl er Johannes seit Jahrzehnten kannte, hatte ihn doch noch niemals so lebhaft und persönlich sprechen hören, und während er sich innerlich gegen das Närrische und Übertriebene dieser Rede wehrte und kalt machte, empfand er doch auch einen kleinen, geheimen Wert in diesem Bekenntnis. Auch entging ihm nicht, wie hoch immerhin bei einem Setzer eine so zarte Gewissenhaftigkeit und Arbeitsfreude zu schätzen sei. Von neuem füllte er sein kluges Gesicht ganz mit Freundlichkeit und sagte:

«Nun ja, Johannes, Sie haben mich ja längst überzeugt. Unter diesen Umständen nehme ich meinen Vorschlag – er war ja gut gemeint – natürlich zurück. Setzen Sie weiter, bleiben Sie in Ihrem Dienst! Und wenn ich Ihnen etwa sonst irgendeinen kleinen Gefallen erweisen kann, so sagen Sie es mir.» – Er erhob sich und streckte dem Setzer die Hand hin, überzeugt, daß dieser nun endlich gehen werde.

Aber Johannes, die dargebotene Hand mit Innigkeit ergreifend, schloß sein Herz aufs neue auf, indem er sagte: «Danke von Herzen, Herr Chefredakteur, wie gütig sind Sie! Ach, allerdings hätte ich eine Bitte, eine kleine Bitte. Wenn Sie mir da ein wenig helfen möchten!»

Ohne wieder Platz zu nehmen, forderte der Redakteur ihn durch einen etwas ungeduldigen Blick zum Sprechen auf.

«Es handelt sich», sagte Johannes, «es handelt sich wieder um ‹tragisch›, Herr Doktor, Sie wissen ja, wir sprachen früher mehrmals darüber. Sie kennen ja die Unsitte der Berichterstatter, jeden Unglücksfall tragisch zu nennen, während doch tragisch – nun, ich muß mich kurz fassen, genug hiervon. Also jeder gestürzte Radfahrer, jedes am Herd verbrannte Kind, jeder Sturz eines Kirschenpflückers von der Leiter wird mit dem entweihten Worte ‹tragisch› bezeichnet. Unserm früheren Reporter hatte ich es beinahe abgewöhnt, ich ließ ihm keine Ruhe, jede Woche war ich einmal bei ihm, und er war ein guter Mann, er lachte und gab häufig nach, möglicherweise verstand er sogar, wenigstens teilweise, um was es mir zu tun war. Aber nun der neue Herr Redakteur für die kleinen Nachrichten – ich will sonst nicht über ihn urteilen, aber ich übertreibe kaum, wenn ich sage: jedes überfahrene Huhn wird ihm zum willkommenen Anlaß, jenes heilige Wort zu mißbrauchen. Wenn Sie mir die Möglichkeit verschaffen könnten, mit ihm einmal ernstlich zu reden, ihn bitten, daß er mich wenigstens ein einziges Mal richtig anhört –» Der Redakteur trat zum Schaltbrett, drückte eine Taste nieder und sprach einige Worte in die Sprechmuschel.

«Herr Stettiner wird um zwei Uhr da sein und einige Minuten für Sie übrig haben. Ich werde ihn noch informieren. Aber fassen Sie sich kurz, wenn Sie bei ihm sind!»

Dankbar verabschiedete sich der alte Setzer. Der Redakteur sah ihn durch die Tür hinausschleichen, sah über den alten, drolligen Tuchrock das weiße dünne Haar hinabstechen, sah den gekrümmten Rücken des treuen Dieners, und hatte nichts mehr dagegen, daß es ihm mißglückt war, den Alten in den Ruhestand zu verlocken. Mochte er bleiben! Mochte er weiterhin einmal, zweimal im Jahre diese Audienzen wiederholen! Er war ihm nicht böse. Er konnte sich recht wohl in ihn hineinfühlen. Eben dieses konnte jedoch Herr Stettiner nicht, bei welchem Johannes sich um zwei Uhr einfand, und den zu informieren allerdings der Chef im Drang der Geschäfte vergessen hatte.

Herr Stettiner, ein äußerst brauchbarer jüngerer Mitarbeiter der Zeitung, der sich rasch vom Lokalberichterstatter zum Mitglied der Redaktion emporgeschwungen hatte, war kein Unmensch, und als Reporter hatte er gelernt, mit Menschen jeder Art umzugehen. Allein dem Phänomen Johannes stand dieser Kundige vollkommen fremd und ratlos gegenüber, er hatte in der Tat nicht gewußt, nie geahnt, daß es eine solche Art von Menschen gibt, oder gab. Auch fühlte er sich als Redakteur, begreiflich genug, keineswegs verpflichtet, von einem Setzer Ratschläge und Belehrungen anzunehmen, sei dieser auch hundert Jahre alt und sei er auch früher, im sentimentalen Zeitalter, eine Berühmtheit, ja sei er Aristoteles selber gewesen. So geschah denn das Unabänderliche, daß Johannes nach wenigen Minuten, von dem rot und zornig gewordenen Herrn hastig zur Türe gebracht, dessen Bureau verlassen mußte. Es geschah ferner, daß eine halbe Stunde später der alte Johannes im Setzersaal, nachdem er eine Viertelspalte voll unerhörter Fehler zusammengesetzt, über seinem Manuskripte mit einem wimmernden Klagelaut zusammensank und eine Stunde später tot war.

Die Leute im Setzersaal, so plötzlich ihres Seniors beraubt, wurden nach kurzem Flüstern einig, ihm gemeinsam einen Kranz auf den Sarg zu stiften. Herrn Stettiner aber fiel die Aufgabe zu, in einer kleinen Notiz über den Todesfall zu berichten, denn immerhin war Johannes einst, vor dreißig oder vierzig Jahren, eine Art von Berühmtheit gewesen.

Er schrieb «Tragisches Ende eines Dichters» – dann fiel ihm ein, daß Johannes eine Idiosynkrasie gegen das Wort «tragisch» gehabt habe, und immerhin hatte die seltsame Gestalt des Greises und sein plötzlicher Tod kurz nach ihrer Unterredung ihm so viel Eindruck gemacht, daß er sich verpflichtet fand, den Toten ein wenig zu ehren. In diesem Gefühl also strich er die Überschrift seiner Notiz wieder durch, ersetzte sie durch die Worte «Bedauerlicher Todesfall», fand plötzlich auch dies ungenügend und schal, wurde ärgerlich, nahm sich zusammen, und schrieb nun über seine Notiz endgültig die Worte «Einer von der alten Garde».

Kindheit des Zauberers

(1923)

Wieder steig ich und wieder
In deinen Brunnen, holde Sage von einst,
Höre fern deine goldnen Lieder,
Wie du lachst, wie du träumst, wie du leise weinst.
Mahnend aus deiner Tiefe
Flüstert das Zauberwort;
Mir ist, ich sei trunken und schliefe
Und du riefest mir fort und fort . . .

Nicht von Eltern und Lehrern allein wurde ich erzogen, sondern auch von höheren, verborgeneren und geheimnisvolleren Mächten, unter ihnen war auch der Gott Pan, welcher in der Gestalt einer kleinen, tanzenden indischen Götzenfigur im Glasschrank meines Großvaters stand. Diese Gottheit, und noch andre, haben sich meiner Kinderjahre angenommen und haben mich, lange schon ehe ich lesen und schreiben konnte, mit morgenländischen, uralten Bildern und Gedanken so erfüllt, daß ich später jede Begegnung mit indischen und chinesischen Weisen als eine Wiederbegegnung, als eine Heimkehr empfand. Und dennoch bin ich Europäer, bin sogar im aktiven Zeichen des Schützen geboren, und habe mein Leben lang tüchtig die abendländischen Tugenden der Heftigkeit, der Begehrlichkeit und der unstillbaren Neugierde geübt. Zum Glück habe ich, gleich den meisten Kindern, das fürs Leben Unentbehrliche und Wertvollste schon vor dem Beginn der Schuljahre gelernt, unterrichtet von Apfelbäumen, von Regen und Sonne, Fluß und Wäldern, Bienen und Käfern, unterrichtet vom Gott Pan, unterrichtet vom tanzenden Götzen in der Schatzkammer des Großvaters. Ich wußte Bescheid in der Welt, ich verkehrte furchtlos mit Tieren und Sternen, ich kannte mich in Obstgärten und im Wasser bei den Fischen aus und konnte schon eine gute Anzahl von Liedern singen. Ich konnte auch zaubern, was ich dann leider früh verlernte und erst in höherem Alter von neuem lernen mußte, und verfügte über die ganze sagenhafte Weisheit der Kindheit.

Hinzu kamen nun also die Schulwissenschaften, welche mir leichtfielen und Spaß machten. Die Schule befaßte sich klugerweise nicht mit jenen ernsthaften Fertigkeiten, welche für das Leben unentbehrlich sind, sondern vorwiegend mit spielerischen und hübschen Unterhaltungen, an welchen ich oft mein Vergnügen fand, und mit Kenntnissen, von welchen manche mir lebenslänglich treu geblieben sind; so weiß ich heute noch viele schöne und witzige lateinische Wörter, Verse und Sprüche sowie die Einwohnerzahlen vieler Städte in allen Erdteilen, natürlich nicht die von heute, sondern die der achtziger Jahre.

Bis zu meinem dreizehnten Jahre habe ich mich niemals ernstlich darüber besonnen, was einmal aus mir werden und welchen Beruf ich erlernen könnte. Wie alle Knaben, liebte und beneidete ich manche Berufe: den Jäger, den Flößer, den Fuhrmann, den Seiltänzer, den Nordpolfahrer. Weitaus am liebsten aber wäre ich ein Zauberer geworden. Dies war die tiefste, innigst gefühlte Richtung meiner Triebe, eine gewisse

Unzufriedenheit mit dem, was man die «Wirklichkeit» nannte und was mir zuzeiten lediglich wie eine alberne Vereinbarung der Erwachsenen erschien; eine gewisse, bald ängstliche, bald spöttische Ablehnung dieser Wirklichkeit war mir früh geläufig, und der brennende Wunsch, sie zu verzaubern, zu verwandeln, zu steigern. In der Kindheit richtete sich dieser Zauberwunsch auf äußere, kindliche Ziele: ich hätte gern im Winter Äpfel wachsen und meine Börse sich durch Zauber mit Gold und Silber füllen lassen, ich träumte davon, meine Feinde durch magischen Bann zu lähmen, dann durch Großmut zu beschämen, und zum Sieger und König ausgerufen zu werden; ich wollte vergrabene Schätze heben, Tote auferwecken und mich unsichtbar machen können. Namentlich dies, das Unsichtbarwerden, war eine Kunst, von der ich sehr viel hielt und die ich aufs innigste begehrte. Auch nach ihr, wie nach all den Zaubermächten, begleitete der Wunsch mich durchs ganze Leben in vielen Wandlungen, welche ich selbst oft nicht gleich erkannte. So geschah es mir später, als ich längst erwachsen war und den Beruf eines Literaten ausübte, daß ich häufige Male den Versuch machte, hinter meinen Dichtungen zu verschwinden, mich umzutaufen und hinter bedeutungsreichen spielerischen Namen zu verbergen – Versuche, welche mir seltsamerweise von meinen Berufsgenossen des öftern verübelt und mißdeutet wurden. Blicke ich zurück, so ist mein ganzes Leben unter dem Zeichen dieses Wunsches nach Zauberkraft gestanden; wie die Ziele der Zauberwünsche sich mit den Zeiten wandelten, wie ich sie allmählich der Außenwelt entzog und in mich selbst einsog, wie ich allmählich dahin strebte, nicht mehr die Dinge, sondern mich selbst zu verwandeln, wie ich danach trachten lernte, die plumpe Unsichtbarkeit unter der Tarnkappe zu ersetzen durch die Unsichtbarkeit des Wissenden, welcher erkennend stets unerkannt bleibt – dies wäre der eigentlichste Inhalt meiner Lebensgeschichte.

Ich war ein lebhafter und glücklicher Knabe, spielend mit der schönen farbigen Welt, überall zu Hause, nicht minder bei Tieren und Pflanzen wie im Urwald meiner eigenen Phantasie und Träume, meiner Kräfte und Fähigkeiten froh, von meinen glühenden Wünschen mehr beglückt als verzehrt. Manche Zauberkunst übte ich damals, ohne es zu wissen, viel vollkommener, als sie mir je in späteren Zeiten wieder gelang. Leicht erwarb ich Liebe, leicht gewann ich Einfluß auf andre, leicht fand ich mich in die Rolle des Anführers, oder des Umworbenen, oder des Geheimnisvollen. Jüngere Kameraden und Verwandte hielt ich jahrelang im ehrfürchtigen Glauben an meine tatsächliche Zaubermacht, an meine Herrschaft über Dämonen, an meinen Anspruch auf verborgene Schätze und Kronen. Lange habe ich im Paradies gelebt, obwohl meine Eltern mich frühzeitig mit der Schlange bekannt machten. Lange dauerte mein Kindestraum, die Welt gehörte mir, alles war Gegenwart, alles stand zum schönen Spiel um mich geordnet. Erhob sich je ein Ungenügen und eine Sehnsucht in mir, schien je einmal die freudige Welt mir beschattet und zweifelhaft, so fand ich meistens leicht den Weg in die andere, freiere, widerstandslose Welt der Phantasien und fand, aus ihr wiedergekehrt, die äußere Welt aufs neue hold und liebenswert. Lange lebte ich im Paradiese.

Es war ein Lattenverschlag in meines Vaters kleinem Garten, da hatte ich Kaninchen und einen gezähmten Raben leben. Dort hauste ich unendliche Stunden, lang wie Weltzeitalter, in Wärme und Besitzerwonne, nach Leben dufteten die Kaninchen, nach Gras und Milch, Blut und Zeugung; und der Rabe hatte im schwarzen, harten Auge die Lampe des ewigen Lebens leuchten. Am selben Orte hauste ich andere, endlose Zeiten, abends, bei einem brennenden Kerzenrest, neben den warmen schläfrigen Tieren, allein oder mit einem Kameraden, und entwarf die Pläne zur Hebung ungeheurer Schätze, zur Gewinnung der Wurzel Alraun und zu siegreichen Ritterzügen durch die erlösungsbedürftige Welt, wo ich Räuber richtete, Unglückliche erlöste, Gefangene befreite, Raubburgen niederbrannte, Verräter ans Kreuz schlagen ließ, abtrünnigen Vasallen verzieh, Königstöchter gewann und die Sprache der Tiere verstand.

Es gab ein ungeheuer großes, schweres Buch im großen Büchersaal meines Großvaters, darin suchte und las ich oft. Es gab in diesem unausschöpflichen Buche alte wunderliche Bilder – oft fielen sie einem gleich beim ersten Aufschlagen und Blättern hell und einladend entgegen, oft auch suchte man sie lang und fand sie nicht, sie waren weg, verzaubert, wie nie dagewesen. Es stand eine Geschichte in diesem Buch, unendlich schön und unverständlich, die las ich oft. Auch sie war nicht immer zu finden, die Stunde mußte günstig sein, oft war sie ganz und gar verschwunden und hielt sich versteckt, oft schien sie Wohnort und Stelle gewechselt zu haben, manchmal war sie beim Lesen sonderbar freundlich und beinahe verständlich,

47

ein andres Mal ganz dunkel und verschlossen wie die Tür im Dachboden, hinter welcher man in der Dämmerung manchmal die Geister hören konnte, wie sie kicherten oder stöhnten. Alles war voll Wirklichkeit und alles war voll Zauber, beides gedieh vertraulich nebeneinander, beides gehörte mir.

Auch der tanzende Götze aus Indien, der in des Großvaters schätzereichem Glasschrank stand, war nicht immer derselbe Götze, hatte nicht immer dasselbe Gesicht, tanzte nicht zu allen Stunden denselben Tanz. Zuzeiten war er ein Götze, eine seltsame und etwas drollige Figur, wie sie in fremden unbegreiflichen Ländern von anderen, fremden und unbegreiflichen Völkern gemacht und angebetet wurden. Zu anderen Zeiten war er ein Zauberwerk, bedeutungsvoll und namenlos unheimlich, nach Opfern gierig, bösartig, streng, unzuverlässig, spöttisch, er schien mich dazu zu reizen, daß ich etwa über ihn lache, um dann Rache an mir zu nehmen. Er konnte den Blick verändern, obwohl er aus gelbem Material war; manchmal schielte er. Wieder in anderen Stunden war er ganz Sinnbild, war weder häßlich noch schön, war weder böse noch gut, weder lächerlich noch furchtbar, sondern einfach, alt und unausdenklich wie eine alte Rune, wie ein Moosfleck am Felsen, wie die Zeichnung auf einem Kiesel, und hinter seiner Form, hinter seinem Gesicht und Bild wohnte Gott, weste das Unendliche, das ich damals, als Knabe, ohne Namen nicht minder verehrte und kannte als später, da ich es Shiva, Vishnu, da ich es Gott, Leben, Brahman, Atman, Tao oder ewige Mutter nannte. Es war Vater, war Mutter, es war Weib und Mann, Sonne und Mond.

Und in der Nähe des Götzen im Glasschrank, und in anderen Schränken des Großvaters stand und hing und lag noch viel anderes Wesen und Geräte, Ketten aus Holzperlen wie Rosenkränze, palmblätterne Rollen mit eingeritzter alter indischer Schrift beschrieben, Schildkröten aus grünem Speckstein geschnitten, kleine Götterbilder aus Holz, aus Glas, aus Quarz, aus Ton, gestickte seidene und leinene Decken, messingene Becher und Schalen, und dieses alles kam aus Indien und aus Ceylon, der Paradiesinsel mit den Farnbäumen und Palmenufern und den sanften, rehäugigen Singalesen, aus Siam kam es und aus Birma, und alles roch nach Meer, Gewürz und Ferne, nach Zimmet und Sandelholz, alles war durch braune und gelbe Hände gegangen, befeuchtet von Tropenregen und Gangeswasser, gedörrt an Äquatorsonne, beschattet von Urwald. Und alle diese Dinge gehörten dem Großvater, und er, der Alte, Ehrwürdige, Gewaltige, im weißen breiten Bart, allwissend, mächtiger als Vater und Mutter, er war im Besitz noch ganz anderer Dinge und Mächte, sein war nicht nur das indische Götter- und Spielzeug, all das Geschnitzte, Gemalte, mit Zaubern Geweihte, Kokosnußbecher und Sandelholztruhe, Saal und Bibliothek, er war auch ein Magier, ein Wissender, ein Weiser. Er verstand alle Sprachen der Menschen, mehr als dreißig, vielleicht auch die der Götter, vielleicht auch der Sterne, er konnte Pali und Sanskrit schreiben und sprechen, er konnte kanaresische, bengalische, hindostanische, singalesische Lieder singen, kannte die Gebetsübungen der Mohammedaner und der Buddhisten, obwohl er Christ war und an den dreieinigen Gott glaubte, er war viele Jahre und Jahrzehnte in östlichen, heißen, gefährlichen Ländern gewesen, war auf Booten und in Ochsenkarren gereist, auf Pferden und Mauleseln, niemand wußte so wie er Bescheid darum, daß unsre Stadt und unser Land nur ein sehr kleiner Teil der Erde war, daß tausend Millionen Menschen anderen Glaubens waren als wir, andere Sitten, Sprachen, Hautfarben, andre Götter, Tugenden und Laster hatten als wir. Ihn liebte, verehrte und fürchtete ich, von ihm erwartete ich alles, ihm traute ich alles zu, von ihm und von seinem verkleideten Gotte Pan im Gewand des Götzen lernte ich unaufhörlich. Dieser Mann, der Vater meiner Mutter, stak in einem Wald von Geheimnissen, wie sein Gesicht in einem weißen Bartwalde stak, aus seinen Augen floß Welttrauer und floß heitere Weisheit, je nachdem, einsames Wissen und göttliche Schelmerei. Menschen aus vielen Ländern kannten, verehrten und besuchten ihn, sprachen mit ihm englisch, französisch, indisch, italienisch, malaiisch, und reisten nach langen Gesprächen wieder spurlos hinweg, vielleicht seine Freunde, vielleicht seine Gesandten, vielleicht seine Diener und Beauftragten. Von ihm, dem Unergründlichen, wußte ich auch das Geheimnis herstammen, das meine Mutter umgab, das Geheime, Uralte, und auch sie war lange in Indien gewesen, auch sie sprach und sang Malajalam und Kanaresisch, wechselte mit dem greisen Vater Worte und Sprüche in fremden, magischen Zungen. Und wie er, besaß auch sie zuzeiten das Lächeln der Fremde, das verschleierte Lächeln der Weisheit.

Anders war mein Vater. Er stand allein. Weder der Welt des Götzen und des Großvaters gehörte er an, noch dem Alltag der Stadt, abseits stand er, einsam, ein

Leidender und Suchender, gelehrt und gütig, ohne Falsch und voll von Eifer im Dienst der Wahrheit, aber weit weg von jenem Lächeln, edel und zart, aber klar, ohne jenes Geheimnis. Nie verließ ihn die Güte, nie die Klugheit, aber niemals verschwand er in diese Zauberwolke des Großväterlichen, nie verlor sich sein Gesicht in diese Kindlichkeit und Göttlichkeit, dessen Spiel oft wie Trauer, oft wie feiner Spott, oft wie stumm in sich versunkene Göttermaske aussah. Mein Vater sprach mit der Mutter nicht in indischen Sprachen, sondern sprach englisch und ein reines, klares, schönes, leise baltisch gefärbtes Deutsch. Diese Sprache war es, mit der er mich anzog und gewann und unterrichtete, ihm strebte ich zuzeiten voll Bewunderung und Eifer nach, allzu eifrig, obwohl ich wußte, daß meine Wurzeln tiefer im Boden der Mutter wuchsen, im Dunkeläugigen und Geheimnisvollen. Meine Mutter war voll Musik, mein Vater nicht, er konnte nicht singen.

Neben mir wuchsen Schwestern auf und zwei ältere Brüder, große Brüder, beneidet und verehrt. Um uns her war die kleine Stadt, alt und bucklig, um sie her die waldigen Berge, streng und etwas finster, und mittendurch floß ein schöner Fluß, gekrümmt und zögernd, und dies alles liebte ich und nannte es Heimat, und im Walde und Fluß kannte ich Gewächs und Boden, Gestein und Höhlen, Vogel, Eichhorn, Fuchs und Fisch genau. Dies alles gehörte mir, war mein, war Heimat – aber außerdem war der Glasschrank und die Bibliothek da, und der gütige Spott im allwissenden Gesicht des Großvaters, und der dunkelwarme Blick der Mutter, und die Schildkröten und Götzen, die indischen

Lieder und Sprüche, und diese Dinge sprachen mir von einer weiteren Welt, einer größeren Heimat, einer älteren Herkunft, einem größeren Zusammenhang. Und oben auf seinem hohen, drahtenen Gehäuse saß unser grauroter Papagei, alt und klug, mit gelehrtem Gesicht und scharfem Schnabel, sang und sprach und kam, auch er, aus dem Fernen, Unbekannten her, flötete Dschungelsprachen und roch nach Äquator. Viele Welten, viele Teile der Erde streckten Arme und Strahlen aus und trafen und kreuzten sich in unserem Hause. Und das Haus war groß und alt, mit vielen, zum Teil leeren Räumen, mit Kellern und großen hallenden Korridoren, die nach Stein und Kühle dufteten, und unendlichen Dachböden voll Holz und Obst und Zugwind und dunkler Leere. Viele Welten kreuzten ihre Strahlen in diesem Hause. Hier wurde gebetet und in der Bibel gelesen, hier wurde studiert und indische Philologie getrieben, hier wurde viel gute Musik gemacht, hier wußte man von Buddha und Lao Tse, Gäste kamen aus vielen Ländern, den Hauch von Fremde und Ausland an den Kleidern, mit absonderlichen Koffern aus Leder und aus Bastgeflecht und dem Klang fremder Sprachen, Arme wurden hier gespeist und Feste gefeiert, Wissenschaft und Märchen wohnten nah beisammen. Es gab auch eine Großmutter, die wir etwas fürchteten und wenig kannten, weil sie kein Deutsch sprach und in einer französischen Bibel las. Vielfach und nicht überall verständlich war das Leben dieses Hauses, in vielen Farben spielte hier das Licht, reich und vielstimmig klang das Leben. Es war schön und gefiel mir, aber schöner noch war die Welt meiner Wunschgedanken, reicher noch spielten meine

Wachträume. Wirklichkeit war niemals gut, Zauber tat not.

Magie war heimisch in unsrem Hause und in meinem Leben. Außer den Schränken des Großvaters gab es noch die meiner Mutter, voll asiatischer Gewebe, Kleider und Schleier, magisch war auch das Schielen des Götzen, voll Geheimnis der Geruch mancher alten Kammern und Treppenwinkel. Und in mir innen entsprach vieles diesem Außen. Es gab Dinge und Zusammenhänge, die nur in mir selber und für mich allein vorhanden waren. Nichts war so geheimnisvoll, so wenig mitteilbar, so außerhalb des alltäglich Tatsächlichen wie sie, und doch war nichts wirklicher. Schon das launische Auftauchen und wieder Sichverbergen der Bilder und Geschichten in jenem großen Buche war so, und die Wandlungen im Gesicht der Dinge, wie ich sie zu jeder Stunde sich vollziehen sah. Wie anders sahen Haustür, Gartenhaus und Straße an einem Sonntagabend aus als an einem Montagmorgen! Welch völlig anderes Gesicht zeigten Wanduhr und Christusbild im Wohnzimmer an einem Tage, wo Großvaters Geist dort regierte, als wenn es der Geist des Vaters war, und wie sehr verwandelte sich alles aufs neue in den Stunden, wo überhaupt kein fremder Geist den Dingen ihre Signatur gab, sondern mein eigener, wo meine Seele mit den Dingen spielte und ihnen neue Namen und Bedeutungen gab! Da konnte ein wohlbekannter Stuhl oder Schemel, ein Schatten beim Ofen, der gedruckte Kopf einer Zeitung schön oder häßlich und böse werden, bedeutungsvoll oder banal, sehnsuchtweckend oder einschüchternd, lächerlich oder traurig. Wie wenig Festes, Stabiles, Bleibendes gab es doch! Wie lebte alles, erlitt Veränderung, sehnte sich nach Wandlung, lag auf der Lauer nach Auflösung und Neugeburt!

Von allen magischen Erscheinungen aber die wichtigste und herrlichste war «der kleine Mann». Ich weiß nicht, wann ich ihn zum ersten Male sah, ich glaube er war schon immer da, er kam mit mir zur Welt. Der kleine Mann war ein winziges, grau schattenhaftes Wesen, ein Männlein, Geist oder Kobold, Engel oder Dämon, der zuzeiten da war und vor mir her ging, im Traum wie auch im Wachen, und dem ich folgen mußte, mehr als dem Vater, mehr als der Mutter, mehr als der Vernunft, ja oft mehr als der Furcht. Wenn der Kleine mir sichtbar wurde, gab es nur ihn, und wohin er ging oder was er tat, das mußte ich ihm nachtun: Bei Gefahren zeigte er sich. Wenn mich ein böser Hund, ein erzürnter größerer Kamerad verfolgte und meine Lage heikel wurde, dann, im schwierigsten Augenblick, war das kleine Männlein da, lief vor mir, zeigte mir den Weg, brachte Rettung. Er zeigte mir die lose Latte im Gartenzaun, durch die ich im letzten bangen Augenblick den Ausweg gewann, er machte mir vor, was gerade zu tun war: sich fallen lassen, umkehren, davonlaufen, schreien, schweigen. Er nahm mir etwas, das ich essen wollte, aus der Hand, er führte mich an den Ort, wo ich verlorengegangene Besitztümer wiederfand. Es gab Zeiten, da sah ich ihn jeden Tag. Es gab Zeiten, da blieb er aus. Diese Zeiten waren nicht gut, dann war alles lau und unklar, nichts geschah, nichts ging vorwärts.

Einmal, auf dem Marktplatz, lief der kleine Mann vor mir her und ich ihm nach, und er lief auf den

riesigen Marktbrunnen zu, in dessen mehr als manns-
tiefes Steinbecken die vier Wasserstrahlen sprangen,
turnte an der Steinwand empor bis zur Brüstung, und
ich ihm nach, und als er von da mit einem hurtigen
Schwung hinein ins tiefe Wasser sprang, sprang auch
ich, es gab keine Wahl, und wäre ums Haar ertrunken.
Ich ertrank aber nicht, sondern wurde herausgezogen,
und zwar von einer jungen hübschen Nachbarsfrau,
die ich bis dahin kaum gekannt hatte, und zu der ich
nun in ein schönes Freundschafts- und Neckverhältnis
kam, das mich lange Zeit beglückte.

Einmal hatte mein Vater mich für eine Missetat zur
Rede zu stellen. Ich redete mich so halb und halb
heraus, wieder einmal darunter leidend, daß es so
schwer war, sich den Erwachsenen verständlich zu
machen. Es gab einige Tränen und eine gelinde Strafe,
und zum Schluß schenkte mir der Vater, damit ich die
Stunde nicht vergesse, einen hübschen kleinen Ta-
schenkalender. Etwas beschämt und von der Sache
nicht befriedigt ging ich weg und ging über die Fluß-
brücke, plötzlich lief der kleine Mann vor mir, er
sprang auf das Brückengeländer und befahl mir durch
seine Gebärde, das Geschenk meines Vaters wegzu-
werfen, in den Fluß. Ich tat es sofort, Zweifel und
Zögern gab es nicht, wenn der Kleine da war, die gab
es nur, wenn er fehlte, wenn er ausblieb und mich im
Stich ließ. Ich erinnere mich eines Tages, da ging ich
mit meinen Eltern spazieren, und der kleine Mann
erschien, er ging auf der linken Straßenseite, und ich
ihm nach, und so oft mein Vater mich zu sich auf die
andere Seite hinüber befahl, der Kleine kam nicht mit,
beharrlich ging er links, und ich mußte jedesmal so-

fort wieder zu ihm hinüber. Mein Vater ward der Sache müde und ließ mich schließlich gehen, wo ich mochte, er war gekränkt, und erst später, zu Hause, fragte er mich, warum ich denn durchaus habe ungehorsam sein und auf der andern Straßenseite gehen müsen. In solchen Fällen kam ich sehr in Verlegenheit, ja richtig in Not, denn nichts war unmöglicher, als irgendeinem Menschen ein Wort vom kleinen Mann zu sagen. Nichts wäre verbotener, schlechter, todsündiger gewesen, als den kleinen Mann zu verraten, ihn zu nennen, von ihm zu sprechen. Nicht einmal an ihn denken, nicht einmal ihn rufen oder herbeiwünschen konnte ich. War er da, so war es gut, und man folgte ihm. War er nicht da, so war es, als sei er nie gewesen. Der kleine Mann hatte keinen Namen. Das Unmöglichste auf der Welt aber wäre es gewesen, dem kleinen Mann, wenn er einmal da war, nicht zu folgen. Wohin er ging, dahin ging ich ihm nach, auch ins Wasser, auch ins Feuer. Es war nicht so, daß er mir dies oder jenes befahl oder riet. Nein, er tat einfach dies oder das, und ich tat es nach. Etwas, was er tat, nicht nachzutun, war ebenso unmöglich, wie es meinem Schlagschatten unmöglich wäre, meine Bewegungen nicht mitzumachen. Vielleicht war ich nur der Schatten oder Spiegel des Kleinen, oder er der meine; vielleicht tat ich, was ich ihm nachzutun meinte, vor ihm, oder zugleich mit ihm. Nur war er nicht immer da, leider, und wenn er fehlte, so fehlte auch meinem Tun die Selbstverständlichkeit und Notwendigkeit, dann konnte alles auch anders sein, dann gab es für jeden Schritt die Möglichkeit des Tuns oder Lassens, des Zögerns, der Überlegung. Die guten, frohen und glücklichen Schritte meines damaligen Lebens sind aber alle ohne Überlegung geschehen. Das Reich der Freiheit ist auch das Reich der Täuschungen, vielleicht.

Wie hübsch war meine Freundschaft mit der lustigen Nachbarsfrau, die mich damals aus dem Brunnen gezogen hatte! Sie war lebhaft, jung und hübsch und dumm, von einer liebenswerten, fast genialen Dummheit. Sie ließ sich von mir Räuber- und Zaubergeschichten erzählen, glaubte mir bald zu viel, bald zu wenig, und hielt mich mindestens für einen der Weisen aus dem Morgenlande, womit ich gerne einverstanden war. Sie bewunderte mich sehr. Wenn ich ihr etwas Lustiges erzählte, lachte sie laut und inbrünstig, noch lange ehe sie den Witz begriffen hatte. Ich hielt ihr das vor, ich fragte sie: «Höre, Frau Anna, wie kannst du über einen Witz lachen, wenn du ihn noch gar nicht verstanden hast? Das ist sehr dumm und es ist außerdem beleidigend für mich. Entweder vestehst du meine Witze und lachst, oder du kapierst sie nicht, dann brauchst du aber nicht zu lachen und zu tun, als hättest du verstanden.» Sie lachte weiter. «Nein», rief sie, «du bist schon der gescheiteste Junge, den ich je gesehen habe, großartig bist du. Du wirst ein Professor werden oder Minister oder ein Doktor. Das Lachen, weißt du, daran ist nichts übelzunehmen. Ich lache einfach, weil ich eine Freude an dir habe und weil du der spaßigste Mensch bist, den es gibt. Aber jetzt erkläre mir also deinen Witz!» Ich erklärte ihn umständlich, sie mußte noch dies und jenes fragen, schließlich begriff sie ihn wirklich, und wenn sie vorher herzlich und reichlich gelächt hatte, so lachte sie jetzt erst recht, lachte ganz toll und hinreißend, daß es auch mich ansteckte. Wie haben wir oft miteinander gelacht, wie hat sie mich verwöhnt und bewundert, wie war sie von mir entzückt! Es gab schwierige Sprechübungen, die ich ihr manchmal vorsagen mußte, ganz schnell dreimal nacheinander, zum Beispiel: «Wiener Wäscher waschen weiße Wiener Wäsche» oder die Geschichte vom Kottbuser Postkutschkasten. Auch sie mußte es probieren, ich bestand darauf, aber sie lachte schon vorher, keine drei Worte brachte sie richtig heraus, wollte es auch gar nicht, und jeder begonnene Satz verlief in neues Gelächter. Frau Anna ist der vergnügteste Mensch gewesen, den ich gekannt habe. Ich hielt sie, in meiner Knabenklugheit, für namenlos dumm, und am Ende war sie es auch, aber sie ist ein glücklicher Mensch gewesen, und ich neige manchmal dazu, glückliche Menschen für heimliche Weise zu halten, auch wenn sie dumm scheinen. Was ist dümmer und macht unglücklicher als Gescheitheit!

Jahre vergingen, und mein Verkehr mit Frau Anna war schon eingeschlafen, ich war schon ein großer Schulknabe und unterlag schon den Versuchungen, Leiden und Gefahren der Gescheitheit, da brauchte ich sie eines Tages wieder. Und wieder war es der kleine Mann, der mich zu ihr führte. Ich war seit einiger Zeit verzweifelt mit der Frage nach dem Unterschied der Geschlechter und der Entstehung der Kinder beschäftigt, die Frage wurde immer brennender und quälender, und eines Tages schmerzte und brannte sie so sehr, daß ich lieber gar nicht mehr leben wollte, als dies bange Rätsel ungelöst lassen. Wild und verbissen ging ich, von der Schule heimkehrend, über den Marktplatz, den Blick am Boden, unglücklich und finster, da war plötzlich der kleine Mann da! Er war ein seltner Gast geworden, er war mir seit langem untreu, oder ich ihm – nun sah ich ihn plötzlich wieder, klein und flink lief er am Boden vor mir her, nur einen Augenblick sichtbar, und lief ins Haus der Frau Anna hinein. Er war verschwunden, aber schon war ich ihm in dies Haus gefolgt, und schon wußte ich warum, und Frau Anna schrie auf, als ich unerwartet ihr ins Zimmer gelaufen kam, denn sie war eben beim Umkleiden, aber sie ward mich nicht los, und bald wußte ich fast alles, was zu wissen mir damals so bitter notwendig war. Es wäre eine Liebschaft daraus geworden, wenn ich nicht noch allzu jung dafür gewesen wäre.

Diese lustige dumme Frau unterschied sich von den meisten andern Erwachsenen dadurch, daß sie zwar dumm, aber natürlich und selbstverständlich war, immer gegenwärtig, nie verlogen, nie verlegen. Die meisten Erwachsenen waren anders. Es gab Ausnahmen, es gab die Mutter, Inbegriff des Lebendigen, rätselhaft Wirksamen, und den Vater, Inbegriff der Gerechtigkeit und Klugheit, und den Großvater, der kaum mehr ein Mensch war, den Verborgenen, Allseitigen, Lächelnden, Unausschöpflichen. Die allermeisten Erwachsenen aber, obwohl man sie verehren und fürchten mußte, waren sehr tönerne Götter. Wie waren sie komisch mit ihrer ungeschickten Schauspielerei, wenn sie mit Kindern redeten! Wie falsch klang ihr Ton, wie falsch ihr Lächeln! Wie nahmen sie sich wichtig, sich und ihre Verrichtungen und Geschäfte, wie übertrieben ernst hielten sie, wenn man sie über die Gasse gehen sah, ihre Werkzeuge, ihre Mappen, ihre Bücher unter den Arm geklemmt, wie warteten sie darauf, erkannt, gegrüßt und verehrt zu werden! Manchmal kamen am Sonntag Leute zu meinen Eltern, um «Besuch zu machen», Männer mit Zylinderhüten in ungeschickten Händen, die in steifen Glacéhandschuhen staken, wichtige, würdevolle, vor lauter Würde verlegene Männer, Anwälte und Amtsrichter, Pfarrer und Lehrer, Direktoren und Inspektoren, mit ihren etwas ängstlichen, etwas unterdrückten Frauen. Sie saßen steif auf den Stühlen, zu allem mußte man sie nötigen, bei allem ihnen behilflich sein, beim Ablegen, beim Eintreten, beim Niedersitzen, beim Fragen und Antworten, beim Fortgehen. Diese kleinbürgerliche Welt nicht so ernst zu nehmen, wie sie verlangten, war mir leichtgemacht, da meine Eltern ihr nicht angehörten und sie selber komisch fanden. Aber auch wenn sie nicht Theater spielten, Handschuhe trugen und Visiten machten, waren die meisten Erwachsenen mir reichlich seltsam und lächerlich. Wie taten sie wichtig mit ihrer Arbeit, mit ihren Handwerken und Ämtern, wie groß und heilig kamen sie sich vor! Wenn ein Fuhrmann, Polizist oder Pflasterer die Straße versperrte, das war eine heilige Sache, da war es selbstverständlich, daß man auswich und Platz machte oder gar mithalf. Aber Kinder mit ihren Arbeiten und Spielen, die waren nicht wichtig, die wurden beiseite geschoben und angebrüllt. Taten sie denn weniger Richtiges, weniger Gutes, weniger Wichtiges als die Großen? O nein, im Gegenteil, aber die Großen waren eben mächtig, sie befahlen, sie regierten. Dabei hatten sie, genau wie wir Kinder, ihre Spiele, sie spielten Feuerwehrübung, spielten Soldaten, sie gingen in Vereine und Wirtshäuser, aber alles mit jener Miene von Wichtigkeit und Gültigkeit, als müsse das alles so sein und gäbe es nichts Schöneres und Heiligeres.

Gescheite Leute waren unter ihnen, zugegeben, auch unter den Lehrern. Aber war nicht das eine schon merkwürdig und verdächtig, daß unter allen diesen «großen» Leuten, welche doch alle vor einiger Zeit selbst Kinder gewesen waren, so sehr wenige sich fanden, die es nicht vollkommen vergessen und verlernt hatten, was ein Kind ist, wie es lebt, arbeitet, spielt, denkt, was ihm lieb und leid ist? Wenige, sehr wenige, die das noch wußten! Es gab nicht nur Tyrannen und Grobiane, die gegen Kinder böse und häßlich waren, sie überall wegjagten, sie scheel und haßvoll ansahen, ja manchmal anscheinend etwas wie Furcht vor ihnen hatten. Nein, auch die andern, die es gut meinten, die gerne zuweilen zu einem Gespräch mit Kindern sich herabließen, auch sie wußten meistens nicht mehr, worauf es ankam, auch sie mußten fast alle sich mühsam und verlegen zu Kindern herunterschrauben, wenn sie sich mit uns einlassen wollten, aber nicht zu richtigen Kindern, sondern zu erfundenen, dummen Karikaturkindern.

Alle diese Erwachsenen, fast alle, lebten in einer andern Welt, atmeten eine andere Art von Luft als wir Kinder. Sie waren häufig nicht klüger als wir, sehr oft hatten sie nichts vor uns voraus als jene geheimnisvolle Macht. Sie waren stärker, ja, sie konnten uns, wenn wir nicht freiwillig gehorchten, zwingen und prügeln. War das aber eine echte Überlegenheit? War nicht jeder Ochs und Elefant viel stärker als so ein Erwachsener? Aber sie hatten die Macht, sie befahlen, ihre Welt und Mode galt als die richtige. Dennoch, und das war mir ganz besonders merkwürdig und einige Male beinah grauenhaft – dennoch gab es viele Erwachsene, die uns Kinder zu beneiden schienen. Manchmal konnten sie es ganz naiv und offen aussprechen und etwa mit einem Seufzer sagen: «Ja, ihr Kinder habet es noch gut!» Wenn das nicht gelogen war – und es war nicht gelogen, das spürte ich zuweilen bei solchen Aussprüchen –, dann waren also die Erwachsenen, die Mächtigen, die Würdigen und Befehlenden gar nicht glücklicher als wir, die wir gehorchen und ihnen Hochachtung erweisen mußten. In einem Musikalbum, aus dem ich lernte, stand auch richtig ein Lied mit dem erstaunlichen Kehrreim: «O selig, o selig, ein Kind noch zu sein!» Dies war ein Geheimnis. Es gab etwas, was wir Kinder besaßen und was den Großen fehlte, sie waren nicht bloß größer und stärker, sie waren in irgendeinem Betracht auch ärmer als wir! Und sie, die wir oft um ihre lange Gestalt, ihre Würde, ihre anscheinende Freiheit und Selbstverständlichkeit, um ihre Bärte und langen Hosen beneideten, sie beneideten zuzeiten, sogar in Liedern, die sie sangen, uns Kleine!

Nun, einstweilen war ich trotz allem glücklich. Es gab vieles in der Welt, was ich gerne anders gesehen hätte, und gar in der Schule; aber ich war dennoch glücklich. Es wurde mir zwar von vielen Seiten versichert und eingebläut, daß der Mensch nicht bloß zu seiner Lust auf Erden wandle und daß wahres Glück erst jenseits den Geprüften und Bewährten zuteil werde, es ging dies aus vielen Sprüchen und Versen hervor, die ich lernte und die mir oft sehr schön und rührend erschienen. Allein diese Dinge, welche auch meinem Vater viel zu schaffen machten, brannten mich nicht sehr, und wenn es mir einmal schlecht ging, wenn ich krank war oder unerfüllte Wünsche hatte, oder Streit und Trotz mit den Eltern, dann flüchtete ich selten zu Gott, sondern hatte andere Schleichwege, die mich wieder ins Helle führten. Wenn die gewöhnlichen Spiele versagten, wenn Eisenbahn, Kaufladen und Märchenbuch verbraucht und langweilig waren, dann fielen mir oft gerade die schönsten neuen Spiele ein. Und wenn es nichts anderes war, als daß ich abends im Bett die Augen schloß und mich in den märchenhaften Anblick der vor mir erscheinenden Farbenkreise verlor – wie zuckte da Beglückung und Geheimnis aufs neue auf, wie ahnungsvoll und vielversprechend wurde die Welt!

Die ersten Schuljahre gingen hin, ohne mich sehr zu verändern. Ich machte die Erfahrung, daß Vertrauen und Aufrichtigkeit uns zu Schaden bringen kann, ich lernte unter einigen gleichgültigen Lehrern das Notwendigste im Lügen und Sichverstellen; von da an kam ich durch. Langsam aber welkte auch mir die erste Blüte hin, langsam lernte auch ich, ohne es zu ahnen, jenes falsche Lied des Lebens, jenes Sichbeugen unter die «Wirklichkeit», unter die Gesetze der Erwachsenen, jene Anpassung an die Welt, «wie sie nun einmal ist». Ich weiß seit langem, warum in den Liederbüchern der Erwachsenen solche Verse stehen wie der: «O selig, ein Kind noch zu sein», und auch für mich gab es viele Stunden, in welchen ich die beneidete, die noch Kinder sind.

Als es sich, in meinem zwölften Jahre, darum handelte, ob ich Griechisch lernen solle, sagte ich ohne weiteres ja, denn mit der Zeit so gelehrt zu werden wie mein Vater, und womöglich wie mein Großvater, schien mir unerläßlich. Aber von diesem Tage an war ein Lebensplan für mich da; ich sollte studieren und entweder Pfarrer oder Philologe werden, denn dafür gab es Stipendien. Auch der Großvater war einst diesen Weg gegangen.

Scheinbar war dies ja nichts Schlimmes. Nur hatte ich jetzt auf einmal eine Zukunft, nur stand jetzt ein Wegweiser an meinem Wege, nur führte mich jetzt jeder Tag und Monat dem angeschriebenen Ziele näher, alles wies dorthin, alles führte weg, weg von der Spielerei und Gegenwärtigkeit meiner bisherigen Tage, die nicht ohne Sinn, aber ohne Ziel, ohne Zukunft gewesen waren. Das Leben der Erwachsenen hatte mich eingefangen, an einer Haarlocke erst oder an einem Finger, aber bald würde es mich ganz gefangen haben und festhalten, das Leben nach Zielen, nach Zahlen, das Leben der Ordnung und der Ämter, des Berufs und der Prüfungen, bald würde auch mir die Stunde schlagen, bald würde ich Student, Kandidat, Geistlicher, Professor sein, würde Besuche mit einem Zylinderhut machen, lederne Handschuhe dazu tragen, die Kinder nicht mehr verstehen, sie vielleicht beneiden. Und ich wollte ja doch in meinem Herzen dies alles nicht, ich wollte nicht fort aus meiner Welt, wo es gut und köstlich war. Ein ganz heimliches Ziel allerdings gab es für mich, wenn ich an die Zukunft dachte. Eines wünschte ich mir sehnlich, nämlich ein Zauberer zu werden.

Der Wunsch und Traum blieb mir lange treu. Aber er begann an Allmacht zu verlieren, er hatte Feinde, es stand ihm anderes entgegen, Wirkliches, Ernsthaftes, nicht zu Leugnendes. Langsam, langsam welkte die Blüte hin, langsam kam mir aus dem Unbegrenzten etwas Begrenztes entgegen, die wirkliche Welt, die Welt der Erwachsenen. Langsam wurde mein Wunsch, ein Zauberer zu werden, obwohl ich ihn noch sehnlich weiter wünschte, vor mir selber wertloser, wurde vor mir selber zur Kinderei. Schon gab es etwas, worin ich nicht mehr Kind war. Schon war die unendliche, tausenfältige Welt des Möglichen mir begrenzt, in Felder geteilt, von Zäunen durchschnitten. Langsam verwandelte sich der Urwald meiner Tage, es erstarrte das Paradies um mich hier. Ich blieb nicht, was ich war, Prinz und König im Lande des Möglichen, ich wurde nicht Zauberer, ich lernte Griechisch, in zwei Jahren würde Hebräisch hinzukommen, in sechs Jahren würde ich Student sein.

Unmerklich vollzog sich die Einschnürung, unmerklich verrauschte ringsum die Magie. Die wunderbare Geschichte im Großvaterbuch war noch immer schön, aber sie stand auf einer Seite, deren Zahl ich wußte, und da stand sie heute und morgen und zu jeder Stunde, es gab keine Wunder mehr. Gleichmütig lächelte der tanzende Gott aus Indien, und war aus Bronze, selten sah ich ihn mehr an, nie mehr sah ich ihn schielen. Und – das Schlimmste – seltener und seltener sah ich den Grauen, den kleinen Mann. Überall war ich von Entzauberung umgeben, vieles wurde eng, was einst weit, vieles wurde ärmlich, was einst kostbar gewesen war.

Doch spürte ich das nur im verborgenen, unter der Haut, noch war ich fröhlich und herrschsüchtig, lernte schwimmen und Schlittschuhlaufen, ich war der Erste im Griechischen, alles ging scheinbar vortrefflich. Nur hatte alles eine etwas blassere Farbe, einen etwas leereren Klang, nur war es mir langweilig geworden, zur Frau Anna zu gehen, nur ging ganz sachte aus allem, was ich lebte, etwas verloren, etwas nicht Bemerktes, nicht Vermißtes, das aber doch weg war und fehlte. Und wenn ich jetzt einmal wieder mich selber ganz und glühend fühlen wollte, dann bedurfte ich stärkerer Reize dazu, mußte mich rütteln und einen Anlauf nehmen. Ich gewann Geschmack an stark gewürzten Speisen, ich naschte häufig, ich stahl zuweilen Groschen, um mir irgendeine besondere Lust zu gönnen, weil es sonst nicht lebendig und schön genug war. Auch begannen die Mädchen mich anzuziehen; es war kurz nach der Zeit, da der kleine Mann noch einmal erschienen und mich noch einmal zu Frau Anna geführt hatte.

Kurzgefaßter Lebenslauf

(1924)

In den ersten Nachkriegsjahren habe ich zweimal den Versuch gemacht, in märchenhafter und halb humoristischer Form für meine Freunde, denen ich damals etwas problematisch geworden war, eine Art von summarischem Überblick über mein Leben zu geben. Der eine, von mir bevorzugte dieser Versuche, die «Kindheit des Zauberers», ist Fragment geblieben. Der andere, in dem nach Jean Pauls Vorbild das Wagnis einer die Zukunft vorwegnehmenden «Konjekturalbiographie» versucht wurde, erschien im Jahre 1925 in der Neuen Rundschau in Berlin. Er hat im vorliegenden Buch nur unbedeutende Korrekturen erfahren. Manche Jahre war es ein Plan von mir, die beiden Stücke irgendwie zu vereinigen, doch fand ich den Weg zu einer Versöhnung zwischen den beiden in Ton und Stimmung so verschiedenen Arbeiten nicht.

Ich wurde geboren gegen Ende der Neuzeit, kurz vor der beginnenden Wiederkehr des Mittelalters, im Zeichen des Schützen und von Jupiter freundlich bestrahlt. Meine Geburt geschah in früher Abendstunde an einem warmen Tag im Juli, und die Temperatur jener Stunde ist es, welche ich unbewußt mein Leben lang geliebt und gesucht und, wenn sie fehlte, schmerzlich entbehrt habe. Nie konnte ich in kalten Ländern leben, und alle freiwilligen Reisen meines Lebens waren nach Süden gerichtet. Ich war das Kind frommer Eltern, welche ich zärtlich liebte und noch zärtlicher geliebt hätte, wenn man mich nicht schon frühzeitig mit dem vierten Gebot bekannt gemacht hätte. Gebote aber haben leider stets eine fatale Wirkung auf mich gehabt, mochten sie noch so richtig und noch so gut gemeint sein – ich, der ich von Natur ein Lamm und lenksam bin wie eine Seifenblase, habe mich gegen Gebote jeder Art, zumal während meiner Jugendzeit, stets widerspenstig verhalten. Ich brauchte nur das «Du sollst» zu hören, so wendete sich alles in mir um und ich wurde verstockt. Man kann sich denken, daß diese Eigenheit von großem und nachteiligem Einfluß auf meine Schuljahre geworden ist. Unsre Lehrer lehrten uns zwar in jenem amüsanten Lehrfach, das sie Weltgeschichte nannten, daß stets die Welt von solchen Menschen regiert und gelenkt und verändert worden war, welche sich ihr eigenes Gesetz gaben und mit den überkommenen Geboten brachen, und es wurde uns gesagt, daß diese Menschen verehrungswürdig seien. Allein dies war ebenso gelogen wie der ganze übrige Unterricht, denn wenn einer von uns, sei es nun in guter oder böser Meinung, einmal Mut zeigte und gegen irgendein Gebot, oder auch bloß gegen eine dumme Gewohnheit oder Mode protestierte, dann wurde er weder verehrt noch uns zum Vorbild empfohlen, sondern bestraft, verhöhnt und von der feigen Übermacht der Lehrer erdrückt.

Zum Glück hatte ich das fürs Leben Wichtige und Wertvollste schon vor dem Beginn der Schuljahre gelernt: ich hatte wache, zarte und feine Sinne, auf die ich mich verlassen und aus denen ich viel Genuß ziehen konnte, und wenn ich auch später den Verlockungen der Metaphysik unheilbar erlag und sogar meine Sinne zuzeiten kasteit und vernachlässigt habe, ist doch die

Atmosphäre einer zart ausgebildeten Sinnlichkeit, namentlich was Gesicht und Gehör betrifft, mir stets treu geblieben und spielt in meine Gedankenwelt, auch wo sie abstrakt scheint, lebendig mit hinein. Ich hatte also ein gewisses Rüstzeug fürs Leben, wie gesagt, mir längst schon vor dem Beginn der Schuljahre erworben. Ich wußte Bescheid in unsrer Vaterstadt, in den Hühnerhöfen und in den Wäldern, in den Obstgärten und in den Werkstätten der Handwerker, ich kannte die Bäume, Vögel und Schmetterlinge, konnte Lieder singen und durch die Zähne pfeifen, und sonst noch manches, was fürs Leben von Wert ist. Dazu kamen nun also die Schulwissenschaften hinzu, die mir leichtfielen und Spaß machten, namentlich fand ich ein wahres Vergnügen an der lateinischen Sprache und habe beinahe ebenso früh lateinische wie deutsche Verse gemacht. Die Kunst des Lügens und der Diplomatie verdanke ich dem zweiten Schuljahre, wo ein Präzeptor und ein Kollaborator mich in den Besitz dieser Fähigkeiten brachten, nachdem ich vorher in meiner kindlichen Offenheit und Vertrauensseligkeit ein Unglück ums andere über mich gebracht hatte. Diese beiden Erzieher klärten mich erfolgreich darüber auf, daß Ehrlichkeit und Wahrheitsliebe Eigenschaften waren, welche sie bei Schülern nicht suchten. Sie schrieben mir eine Untat zu, eine recht unbedeutende, die in der Klasse passiert war und an der ich völlig unschuldig war, und da sie mich nicht dazu bringen konnten, mich als Täter zu bekennen, wurde aus der Kleinigkeit ein Staatsprozeß, und die beiden folterten und prügelten mir zwar nicht das erhoffte Geständnis, wohl aber jeden Glauben an die Anständigkeit der Lehrerkaste aus. Zwar lernte ich, Gott sei Dank, mit der Zeit auch rechte und der Hochachtung würdige Lehrer kennen, aber der Schaden war geschehen und nicht nur mein Verhältnis zu den Schulmeistern, sondern auch das zu aller Autorität war verfälscht und verbittert. Im ganzen war ich in den sieben oder acht ersten Schuljahren ein guter Schüler, wenigstens saß ich stets unter den Ersten meiner Klasse. Erst mit dem Beginn jener Kämpfe, welche keinem erspart bleiben, der eine Persönlichkeit werden soll, kam ich mehr und mehr auch mit der Schule in Konflikt. Verstanden habe ich jene Kämpfe erst zwei Jahrzehnte später, damals waren sie einfach und umgaben mich, wider meinen Willen, als ein furchtbares Unglück.

Die Sache war so: von meinem dreizehnten Jahr an war mir das eine klar, daß ich entweder ein Dichter oder gar nichts werden wolle. Zu dieser Klarheit kam aber allmählich eine andre, peinliche Einsicht. Man konnte Lehrer, Pfarrer, Arzt, Handwerker, Kaufmann, Postbeamter werden, auch Musiker, auch Maler oder Architekt, zu allen Berufen der Welt gab es einen Weg, gab es Vorbedingungen, gab es eine Schule, einen Unterricht für den Anfänger. Bloß für den Dichter gab es das nicht! Es war erlaubt und galt sogar für eine Ehre, ein Dichter zu *sein:* das heißt als Dichter erfolgreich und bekannt zu sein, meistens war man leider dann schon tot. Ein Dichter zu *werden* aber, das war unmöglich, es werden zu *wollen*, war eine Lächerlichkeit und Schande, wie ich sehr bald erfuhr. Rasch hatte ich gelernt, was aus der Situation zu lernen war: Dichter war etwas, was man bloß sein, nicht aber werden durfte. Ferner: Interesse für Dichtung und eigenes dichterisches Talent machte bei den Lehrern verdächtig, man wurde dafür entweder beargwöhnt oder verspottet, oft sogar tödlich beleidigt. Es war mit dem Dichter genau so wie es mit dem Helden war, und mit allen starken oder schönen, hochgemuten und nicht alltäglichen Gestalten und Bestrebungen: in der Vergangenheit waren sie herrlich, alle Schulbücher standen voll ihres Lobes, in der Gegenwart und Wirklichkeit aber haßte man sie, und vermutlich waren die Lehrer gerade dazu angestellt und ausgebildet, um das Heranwachsen von famosen, freien Menschen und das Geschehen von großen, prächtigen Taten nach Möglichkeit zu verhindern.

So sah ich zwischen mir und meinem fernen Ziel nichts als Abgründe liegen, alles wurde mir ungewiß, alles entwertet, nur das eine blieb stehen: daß ich Dichter werden wollte, ob es nun leicht oder schwer, lächerlich oder ehrenvoll sein mochte. Die äußern Erfolge dieses Entschlusses – vielmehr dieses Verhängnisses – waren folgende:

Als ich dreizehn Jahre alt war, und jener Konflikt eben begonnen hatte, ließ mein Verhalten sowohl im Elternhause wie in der Schule so viel zu wünschen übrig, daß man mich in die Lateinschule einer andern Stadt in die Verbannung schickte. Ein Jahr später wurde ich Zögling eines theologischen Seminars, lernte das hebräische Alphabet schreiben und war schon nahe daran zu begreifen, was ein Dagesch forte implicitum ist, als plötzlich von innen her Stürme über mich hereinbrachen, welche zu meiner Flucht aus der Klosterschule, zu einer Bestrafung mit schwerem Karzer und zu meinem Abschied aus dem Seminar führten.

Eine Weile bemühte ich mich dann an einem Gymnasium, meine Studien vorwärtszubringen, allein Karzer und Verabschiedung war auch dort das Ende. Dann war ich drei Tage Kaufmannslehrling, lief wieder fort und war einige Tage und Nächte zur großen Sorge meiner Eltern verschwunden. Ich war ein halbes Jahr lang Gehilfe meines Vaters, ich war anderthalb Jahre lang Praktikant in einer mechanischen Werkstätte und Turmuhrenfabrik.

Kurz, mehr als vier Jahre lang ging alles unweigerlich schief, was man mit mir unternehmen wollte, keine Schule wollte mich behalten, in keiner Lehre hielt ich lange aus. Jeder Versuch, einen brauchbaren Menschen aus mir zu machen, endete mit Mißerfolg, mehrmals mit Schande und Skandal, mit Flucht oder mit Ausweisung, und doch gestand man mir überall eine gute Begabung und sogar ein gewisses Maß von redlichem Willen zu! Auch war ich stets leidlich fleißig – die hohe Tugend des Müßiggangs habe ich immer mit Ehrfurcht bewundert, aber ich bin nie ein Meister in ihr geworden. Ich begann mit fünfzehn Jahren, als es mir mit der Schule mißglückt war, bewußt und energisch meine eigene Ausbildung, und es war mein Glück und meine Wonne, daß im Hause meines Vaters die gewaltige großväterliche Bibliothek stand, ein ganzer Saal voll alter Bücher, der unter andrem die ganze deutsche Dichtung und Philosophie des achtzehnten Jahrhunderts enthielt. Zwischen meinem sechzehnten und zwanzigsten Jahre habe ich nicht bloß eine Menge Papier mit meinen ersten Dichterversuchen vollgeschrieben, sondern habe in jenen Jahren auch die halbe Weltliteratur gelesen und mich mit

Kunstgeschichte, Sprachen, Philosophie mit einer Zähigkeit bemüht, welche reichlich für ein normales Studium genügt hätte.

Dann wurde ich Buchhändler, um endlich einmal mein Brot selber verdienen zu können. Zu den Büchern hatte ich immerhin mehr und bessere Beziehungen als zum Schraubstock und den Zahnrädern aus Eisenguß, mit denen ich mich als Mechaniker geplagt hatte. Für die erste Zeit war mir das Schwimmen im Neuen und Neuesten der Literatur, ja das Überschwemmtwerden damit, ein beinah rauschähnliches Vergnügen. Doch merkte ich freilich nach einer Weile, daß im Geistigen ein Leben in der bloßen Gegenwart, im Neuen und Neuesten, unerträglich und unsinnig, daß die beständige Beziehung zum Gewesenen, zur Geschichte, zum Alten und Uralten ein geistiges Leben überhaupt erst ermögliche. So war es mir denn, nachdem jenes erste Vergnügen erschöpft war, ein Bedürfnis, aus der Überschwemmung mit Novitäten zum Alten zurückzukehren, ich vollzog das, indem ich aus dem Buchhandel ins Antiquariat überging. Ich blieb dem Beruf jedoch nur so lang treu, als ich ihn brauchte, um das Leben zu fristen. Im Alter von sechsundzwanzig Jahren, auf Grund eines ersten literarischen Erfolges, gab ich auch diesen Beruf wieder auf.

Jetzt also war, unter so vielen Stürmen und Opfern, mein Ziel erreicht: ich war, so unmöglich es geschienen hatte, doch ein Dichter geworden und hatte, wie es schien, den langen zähen Kampf mit der Welt gewonnen. Die Bitternis der Schul- und Werdejahre, in der ich oft sehr nah am Untergang gewesen war, wurde nun vergessen und belächelt – auch die Angehörigen und Freunde, die bisher an mir verzweifelt waren, lächelten mir jetzt freundlich zu. Ich hatte gesiegt, und wenn ich nun das Dümmste und Wertloseste tat, fand man es entzückend, wie auch ich selbst sehr von mir entzückt war. Erst jetzt bemerkte ich, in wie schauerlicher Vereinsamung, Askese und Gefahr ich Jahr um Jahr gelebt hatte, die laue Luft der Anerkennung tat mir wohl und ich begann ein zufriedener Mann zu werden.

Mein äußeres Leben verlief nun eine gute Weile ruhig und angenehm. Ich hatte Frau, Kinder, Haus und Garten. Ich schrieb meine Bücher, ich galt für einen liebenswürdigen Dichter und lebte mit der Welt in Frieden. Im Jahre 1905 half ich eine Zeitschrift begründen, welche vor allem gegen das persönliche Regiment Wilhelms des Zweiten gerichtet war, ohne daß ich doch im Grunde diese politischen Ziele ernst genommen hätte. Ich machte schöne Reisen in der Schweiz, in Deutschland, in Österreich, in Italien, in Indien. Alles schien in Ordnung zu sein.

Da kam jener Sommer 1914, und plötzlich sah es innen und außen ganz verwandelt aus. Es zeigte sich, daß unser bisheriges Wohlergehen auf unsicherem Boden gestanden war, und nun begann also das Schlechtgehen, die große Erziehung. Die sogenannte große Zeit war angebrochen, und ich kann nicht sagen, daß sie mich gerüsteter, würdiger und besser angetroffen hätte als alle andern auch. Was mich von den andern damals unterschied, war nur, daß ich jenes einen großen Trostes entbehrte, den so viele andere hatten: der Begeisterung. Dadurch kam ich wieder zu mir selbst und in Konflikt mit der Umwelt, ich wurde nochmals in die Schule genommen, mußte nochmals die Zufriedenheit mit mir selbst und mit der Welt verlernen, und trat erst mit diesem Erlebnis über die Schwelle der Einweihung ins Leben.

Ich habe ein kleines Erlebnis des ersten Kriegsjahres nie vergessen. Ich war zu Besuch in einem großen Lazarett, auf der Suche nach einer Möglichkeit, mich irgendwie als Freiwilliger sinnvoll in die veränderte Welt einzupassen, was mir damals noch möglich schien. In jenem Verwundetenspital lernte ich ein altes Fräulein kennen, das früher in guten Verhältnissen privatisiert hatte und jetzt in diesem Lazarett Pflegerinnendienste tat. Sie erzählte mir in rührender Begeisterung, wie froh und stolz sie sei, daß sie diese große Zeit noch habe erleben dürfen. Ich fand es begreiflich, denn für diese Dame hatte es des Krieges bedurft, um aus ihrem trägen und rein egoistischen Altjungfernleben ein tätiges und wertvolleres Leben zu machen. Aber als sie mir ihr Glück mitteilte, in einem Korridor voll verbundener und krummgeschossener Soldaten, zwischen Sälen, die voll von Amputierten und Sterbenden lagen, da drehte sich mir das Herz um. So sehr ich die Begeisterung dieser Tante begriff, ich konnte sie nicht teilen, ich konnte sie nicht gutheißen. Wenn auf je zehn Verwundete eine solche begeisterte Pflegerin kam, dann war das Glück dieser Damen etwas teuer bezahlt.

Nein, ich konnte die Freude über die große Zeit nicht teilen, und so kam es, daß ich unter dem Kriege von Anfang an jämmerlich litt, und jahrelang mich gegen ein scheinbar von außen und aus heiterm Himmel hereingebrochenes Unglück verzweifelt wehrte, während um mich her alle Welt so tat, als sei sie voll froher Begeisterung über eben dies Unglück. Und wenn ich nun die Zeitungsartikel der Dichter las, worin sie den Segen des Krieges entdeckten, und die Aufrufe der Professoren, und alle die Kriegsgedichte aus den Studierzimmern der berühmten Dichter, dann wurde mir noch elender.

Im Jahr 1915 entschlüpfte mir eines Tages öffentlich das Bekenntnis dieses Elendes, und ein Wort des Bedauerns darüber, daß auch die sogenannten geistigen Menschen nichts anderes zu tun wüßten als Haß zu predigen, Lügen zu verbreiten und das große Unglück hochzupreisen. Die Folge dieser ziemlich schüchtern geäußerten Klage war, daß ich in der Presse meines Vaterlandes für einen Verräter erklärt wurde – für mich ein neues Erlebnis, denn trotz vielen Berührungen mit der Presse hatte ich die Situation des von der Mehrheit Angespienen noch nie kennengelernt. Der Artikel mit jener Anklage wurde von zwanzig Zeitungen meiner Heimat abgedruckt, und von allen meinen Freunden, deren ich bei der Presse viele zu haben glaubte, wagten es nur zwei, für mich einzutreten. Alte Freunde teilten mir mit, daß sie eine Schlange an ihrem Busen genährt hätten, und daß dieser Busen künftig nur noch für Kaiser und Reich, nicht aber mehr für mich Entarteten schlage. Schmähbriefe von Unbekannten kamen in Menge, und Buchhändler ließen mich wissen, daß ein Autor von so verwerflichen Gesinnungen für sie nicht mehr existiere. Auf mehreren dieser Briefe lernte ich ein Schmuckstück kennen, das ich damals zum ersten Male sah: einen kleinen runden Stempelaufdruck mit der Inschrift: Gott strafe England.

Man sollte denken, ich hätte über dies Mißverständnis recht sehr gelacht. Aber das gelang mir nicht. Dies an sich so unwichtige Erlebnis brachte mir als Frucht die zweite große Wandlung meines Lebens.

Man erinnere sich: die erste Wandlung war eingetreten in dem Augenblick, wo mir der Entschluß bewußt wurde, ein Dichter zu werden. Der vorherige Musterschüler Hesse wurde von da an ein schlechter Schüler, er wurde bestraft, er wurde hinausgeworfen, er tat nirgends gut, machte sich und seinen Eltern Sorge um Sorge – alles nur, weil er zwischen der Welt, wie sie nun einmal ist oder zu sein scheint, und der Stimme seines eigenen Herzens keine Möglichkeit einer Versöhnung sah. Dies wiederholte sich jetzt, in den Kriegsjahren, aufs neue. Wieder sah ich mich im Konflikt mit einer Welt, mit der ich bisher in gutem Frieden gelebt hatte. Wieder mißglückte mir alles, wieder war ich allein und elend, wieder wurde alles, was ich sagte und dachte, von den andern feindlich mißverstanden. Wieder sah ich zwischen der Wirklichkeit und dem, was mir wünschenswert, vernünftig und gut schien, einen hoffnungslosen Abgrund liegen.

Diesmal aber blieb mir die Einkehr nicht erspart. Es dauerte nicht lange, so sah ich mich genötigt, die Schuld an meinen Leiden nicht außer mir, sondern in mir selbst zu suchen. Denn das sah ich wohl ein: der ganzen Welt Wahnsinn und Roheit vorzuwerfen, dazu hatte kein Mensch und kein Gott ein Recht, ich am wenigsten. Es mußte also in mir selbst allerlei Unordnung sein, wenn ich so mit dem ganzen Weltlauf in Konflikt kam. Und siehe, es war in der Tat eine große Unordnung da. Es war kein Vergnügen, diese Unordnung in mir selber anzupacken und ihre Ordnung zu versuchen. Da zeigte sich vor allem eines: der gute Friede, in dem ich mit der Welt gelebt hatte, war nicht nur von mir zu teuer bezahlt worden, er war auch ebenso faul gewesen wie der äußere Friede in der Welt. Ich hatte geglaubt, mir durch die langen schweren Kämpfe der Jugend meinen Platz in der Welt verdient zu haben und nun ein Dichter zu sein. Mittlerweile aber hatte Erfolg und Wohlergehen auf mich den üblichen Einfluß gehabt, ich war zufrieden und bequem geworden, und wenn ich genau zusah, so war der Dichter von einem Unterhaltungsschriftsteller kaum zu unterscheiden. Es war mir zu gut gegangen. Nun, für das Schlechtgehen, das stets eine gute und energische Schule ist, war jetzt reichlich gesorgt, und so lernte ich mehr und mehr die Händel der Welt ihren Gang gehen zu lassen, und konnte mich mit meinem eigenen Anteil an der Verwirrung und Schuld des Ganzen beschäftigen. Diese Beschäftigung aus meinen Schriften herauszulesen, muß ich dem Leser überlassen. Und noch immer habe ich die heimliche Hoffnung, es werde mit der Zeit auch mein Volk, nicht als Ganzes, aber in sehr vielen wachen und verantwortlichen Einzelnen, eine ähnliche Prüfung vollziehen und an die Stelle des Klagens und Schimpfens über den bösen Krieg und die bösen Feinde und die böse Revolution in tausend Herzen die Frage setzen: wie bin ich selber mitschuldig geworden? und wie kann ich wieder unschuldig werden? Denn man kann jederzeit wieder unschuldig werden, wenn man sein Leid und seine Schuld erkennt und zu Ende leidet, statt die Schuld daran bei andern zu suchen.

Als die neue Wandlung sich in meinen Schriften und in meinem Leben zu äußern anfing, schüttelten viele meiner Freunde den Kopf. Viele verließen mich auch. Das gehörte zu dem veränderten Bilde meines Lebens, ebenso wie der Verlust meines Hauses, meiner Familie und andrer Güter und Behaglichkeiten. Es war eine Zeit, da ich täglich Abschied nahm, und täglch darüber erstaunt war, daß ich nun auch dies hatte ertragen können, und noch immer lebte, und noch immer irgend etwas an diesem seltsamen Leben liebte, das mir doch nur Schmerzen, Enttäuschungen und Verluste zu bringen schien.

Übrigens, um dies nachzuholen: auch während der Kriegsjahre hatte ich etwas wie einen guten Stern oder einen Schutzengel. Während ich mich mit meinen Leiden sehr allein fühlte und, bis zum Beginn der Wandlung, mein Schicksal stündlich als ein unseliges empfand und verwünschte, diente eben mein Leiden, mein Besessensein durch Leiden mir als Schutz und Panzer gegen die Außenwelt. Ich brachte nämlich die Kriegsjahre in einer so scheußlichen Umgebung von Politik, Spionagewesen, Bestechungstechnik und Konjunkturkünsten zu, wie sie selbst damals nur an wenigen Orten der Erde so konzentriert beieinander zu finden waren, nämlich in Bern inmitten deutscher, neutraler und feindlicher Diplomatie, in einer Stadt, die über Nacht übervölkert geworden war, und zwar durch lauter Diplomaten, politische Agenten, Spione, Journalisten, Aufkäufer und Schieber. Ich lebte zwischen Diplomaten und Militärs, verkehrte außerdem mit Menschen aus vielen, auch feindlichen Nationen, die Luft um mich her war ein einziges Netz von Spionage und Gegenspionage, von Spitzelei, Intrigen, politischen und persönlichen Geschäftigkeiten – und von alledem habe ich in all den Jahren gar nichts bemerkt! Ich wurde ausgehorcht, bespitzelt und bespioniert, war bald den Feinden, bald den Neutralen, bald den eigenen Landsleuten verdächtig, und merkte das alles nicht, erst lange nachher erfuhr ich dies und jenes davon, und begriff nicht, wie ich unberührt und ungeschädigt inmitten dieser Atmosphäre hatte leben können. Aber es war gegangen.

Mit dem Ende des Krieges fiel auch die Vollendung meiner Wandlung und die Höhe der Prüfungsleiden zusammen. Diese Leiden hatten mit dem Kriege und dem Weltschicksal nichts mehr zu tun, auch die Niederlage Deutschlands, von uns im Auslande seit zwei Jahren mit Sicherheit erwartet, hatte im Augenblick nichts Erschreckendes mehr. Ich war ganz in mich selbst und ins eigene Schicksal versunken, allerdings zuweilen mit dem Gefühl, es handle sich dabei um alles Menschenlos überhaupt. Ich fand allen Krieg und alle Mordlust der Welt, all ihren Leichtsinn, all ihre rohe Genußsucht, all ihre Feigheit in mir selber wieder, hatte erst die Achtung vor mir selbst, dann die Verachtung meiner selbst zu verlieren, hatte nichts andres zu tun als den Blick ins Chaos zu Ende zu tun, mit der oft aufglühenden, oft erlöschenden Hoffnung, jenseits des Chaos wieder Natur, wieder Unschuld zu finden. Jeder wach gewordene und wirklich zum Bewußtsein gekommene Mensch geht ja einmal, oder mehrmals, diesen schmalen Weg durch die Wüste – den andern davon reden zu wollen, wäre vergebliche Mühe.

Wenn Freunde mir untreu wurden, empfand ich

manchmal Wehmut, doch kein Unbehagen, ich empfand es mehr als Bestätigung auf meinem Wege. Diese früheren Freunde hatten ja ganz recht, wenn sie sagten, ich sei früher ein so sympathischer Mensch und Dichter gewesen, während meine jetzige Problematik einfach ungenießbar sei. Über Fragen des Geschmacks, oder des Charakters, war ich damals längst hinaus, es war niemand da, dem meine Sprache verständlich gewesen wäre. Diese Freunde hatten vielleicht recht, wenn sie mir vorwarfen, meine Schriften hätten Schönheit und Harmonie verloren. Solche Worte machten mich nur lachen – was ist Schönheit oder Harmonie für den, der zum Tod verurteilt ist, der zwischen einstürzenden Mauern um sein Leben rennt? Vielleicht war ich auch, meinem lebenslangen Glauben entgegen, gar kein Dichter, und der ganze ästhetische Betrieb war bloß ein Irrtum gewesen? Warum nicht, auch das war nicht mehr von Wichtigkeit. Das meiste von dem, was ich auf der Höllenreise durch mich selbst zu Gesicht bekommen hatte, war Schwindel und wertlos gewesen, also vielleicht auch der Wahn von meiner Berufung oder Begabung. Wie wenig wichtig war das doch! Und das, was ich voll Eitelkeit und Kinderfreude einst als meine Aufgabe betrachtet hatte, war auch nicht mehr da. Ich sah meine Aufgabe, vielmehr meinen Weg zur Rettung, längst nicht mehr auf dem Gebiet der Lyrik, oder der Philosophie, oder irgendeiner solchen Spezialistengeschichte, sondern nur noch darin, das wenige wahrhaft Lebendige und Starke in mir sein Leben leben zu lassen, nur noch in der unbedingten Treue gegen das, was ich in mir noch leben spürte. Das war das Leben, das war Gott. – Nachher, wenn solche Zeiten hoher und lebensgefährlicher Spannung vorüber sind, sieht das alles seltsam anders aus, weil die damaligen Inhalte und ihre Namen jetzt ohne Bedeutung sind, und das Heilige von vorgestern kann beinah komisch klingen.

Als auch für mich der Krieg endlich zu Ende war, im Frühjahr 1919, zog ich mich in eine entlegene Ecke der Schweiz zurück, und wurde Einsiedler. Weil ich mein Leben lang (dies war eine Erbschaft von Eltern und Großeltern her) sehr viel mit indischer und chinesischer Weisheit beschäftigt war, und auch meine neuen Erlebnisse zum Teil in der östlichen Bildersprache zum Ausdruck brachte, nannte man mich häufig einen «Buddhisten», worüber ich nur lachen konnte, denn im Grunde wußte ich mich von keinem Bekenntnis weiter entfernt als von diesem. Und dennoch war etwas Richtiges, ein Korn Wahrheit darin verborgen, das ich erst etwas später erkannte. Wenn es irgend denkbar wäre, daß ein Mensch sich persönlich eine Religion erwählte, so hätte ich aus innerster Sehnsucht gewiß mich einer konservativen Religion angeschlossen: dem Konfuzius, dem Brahmanismus oder der römischen Kirche. Ich hätte dies aber aus Sehnsucht nach dem Gegenpol getan, nicht aus angeborener Verwandtschaft, denn geboren bin ich nicht nur zufällig als Sohn frommer Protestanten, sondern bin auch dem Gemüt und Wesen nach Protestant (wozu meine tiefe Antipathie gegen die zur Zeit vorhandenen protestantischen Bekenntnisse durchaus keinen Widerspruch bildet). Denn der echte Protestant wehrt sich gegen die eigene Kirche wie gegen jede andere, weil sein Wesen ihn das Werden mehr bejahen heißt als das Sein. Und in diesem Sinne ist wohl auch Buddha ein Protestant gewesen.

Der Glaube an mein Dichtertum und an den Wert meiner literarischen Arbeit war also seit der Wandlung in mir entwurzelt. Das Schreiben machte mir keine rechte Freude mehr. Eine Freude aber muß der Mensch haben, auch ich in all meiner Not machte diesen Anspruch. Ich konnte auf Gerechtigkeit, Vernunft, auf Sinn im Leben und in der Welt verzichten, ich hatte gesehen, daß die Welt vortrefflich ohne all diese Abstraktionen auskommt – aber auf ein wenig Freude konnte ich nicht verzichten, und das Verlangen nach diesem bißchen Freude, das war nun eine von jenen kleinen Flammen in mir, an die ich noch glaubte und aus denen ich mir die Welt wieder neu zu schaffen dachte. Häufig suchte ich meine Freude, meinen Traum, mein Vergessen in einer Flasche Wein, und sehr oft hat sie mir geholfen, sie sei dafür gepriesen. Aber sie genügte nicht. Und siehe da, eines Tages entdeckte ich eine ganz neue Freude. Ich fing, schon vierzig Jahre alt, plötzlich an zu malen. Nicht daß ich mich für einen Maler hielte oder einer werden wollte. Aber das Malen ist wunderschön, es macht einen froher und duldsamer. Man hat nachher nicht wie beim Schreiben schwarze Finger, sondern rote und blaue. Auch über diese Malerei ärgern sich viele meiner Freunde. Darin habe ich wenig Glück – immer, wenn ich etwas recht Notwendiges, Glückliches und Hübsches unternehme, werden die Leute unangenehm. Sie möchten gerne, daß man bleibt, was man war, daß man sein Gesicht nicht ändert. Aber mein Gesicht weigert sich, es will sich häufig ändern, es ist ihm Bedürfnis.

Ein anderer Vorwurf, den man mir macht, scheint mir selber sehr richtig. Man spricht mir den Sinn für die Wirklichkeit ab. Sowohl die Dichtungen, die ich dichte, wie die Bildchen, die ich male, entsprechen nicht der Wirklichkeit. Wenn ich dichte, so vergesse ich häufig alle Anforderungen, welche gebildete Leser an ein richtiges Buch stellen, und vor allem fehlt mir in der Tat die Achtung vor der Wirklichkeit. Ich finde, die Wirklichkeit ist das, worum man sich am allerwenigsten zu kümmern braucht, denn sie ist, lästig genug, ja immerzu vorhanden, während schönere und nötigere Dinge unsre Aufmerksamkeit und Sorge fordern. Die Wirklichkeit ist das, womit man unter gar keinen Umständen zufrieden sein, was man unter gar keinen Umständen anbeten und verehren darf, denn sie ist der Zufall, der Abfall des Lebens. Und sie ist, diese schäbige, stets enttäuschende und öde Wirklichkeit, auf keine andre Weise zu ändern, als indem wir sie leugnen, indem wir zeigen, daß wir stärker sind als sie.

In meinen Dichtungen vermißt man häufig die übliche Achtung vor der Wirklichkeit, und wenn ich male, dann haben die Bäume Gesichter, und die Häuser lachen oder tanzen, oder weinen, aber ob der Baum ein Birnbaum oder eine Kastanie ist, das kann man meistens nicht erkennen. Diesen Vorwurf muß ich hinnehmen. Ich gestehe, daß auch mein eigenes Leben mir sehr häufig genau wie ein Märchen vorkommt, oft sehe und fühle ich die Außenwelt mit meinem Innern in einem Zusammenhang und Einklang, den ich magisch nennen muß.

Einigemal sind mir noch Dummheiten passiert, zum Beispiel tat ich einmal eine harmlose Äußerung über den bekannten Dichter Schiller, worauf alsbald sämtliche süddeutschen Kegelklubs mich für einen Schänder der vaterländischen Heiligtümer erklärten. Jetzt aber ist es mir schon seit Jahren gelungen, nichts mehr zu äußern, wodurch Heiligtümer geschändet und Menschen vor Wut rot werden. Ich sehe darin einen Fortschritt.

Weil nun die sogenannte Wirklichkeit für mich keine sehr große Rolle spielt, weil Vergangenes mich oft wie Gegenwart erfüllt und Gegenwärtiges mir unendlich fern erscheint, darum kann ich auch die Zukunft nicht so scharf von der Vergangenheit trennen, wie man es meistens tut. Ich lebe sehr viel in der Zukunft, und so brauche ich denn auch meine Biographie nicht mit dem heutigen Tage zu enden, sondern kann sie ruhig weitergehen lassen.

In Kürze will ich erzählen, wie mein Leben vollends seinen Bogen beschreibt. In den Jahren bis 1930 schrieb ich noch einige Bücher, um dann aber diesem Gewerbe für immer den Rücken zu kehren. Die Frage, ob ich eigentlich zu den Dichtern zu rechnen sei oder nicht, wurde in zwei Dissertationen von fleißigen jungen Leuten untersucht, aber nicht beantwortet. Es ergab sich nämlich als Resultat einer sorgfältigen Betrachtung der neueren Literatur, daß das Fluidum, welches den Dichter ausmacht, in der neueren Zeit nur noch in so außerordentlicher Verdünnung vorkommt, daß der Unterschied zwischen Dichter und Literat nicht mehr feststellbar ist. Aus diesem objektiven Befund zogen die beiden Doktoranden jedoch entgegengesetzte Schlüsse. Der eine, sympathischere, war der Meinung, eine so lächerlich verdünnte Poesie sei überhaupt keine mehr, und da bloße Literatur nicht lebenswert sei, möge man das, was sich heute noch Dichtung nenne, ruhig seinen stillen Tod sterben lassen. Der andere jedoch war ein unbedingter Verehrer der Poesie, auch in der dünnsten Form, und meinte daher, es sei besser, hundert Undichter aus Vorsicht mitgelten zu lassen, als einem Dichter unrecht zu tun, der vielleicht doch einen Tropfen echten parnassischen Blutes in sich habe.

Ich war hauptsächlich mit Malen und mit chinesischen Zaubermethoden beschäftigt, ließ mich in den folgenden Jahren aber mehr und mehr auch auf die Musik ein. Es wurde der Ehrgeiz meines späteren Lebens, eine Art Oper zu schreiben, worin das menschliche Leben in seiner sogenannten Wirklichkeit wenig ernst genommen, sogar verhöhnt wird, dagegen in seinem ewigen Wert als Bild, als flüchtiges Gewand der Gottheit hervorleuchtet. Die magische Auffassung des Lebens war mir stets nahe gelegen, ich war nie ein «moderner Mensch» gewesen, und hatte stets den «Goldenen Topf» von Hoffmann, oder gar den «Heinrich von Ofterdingen», für wertvollere Lehrbücher gehalten als alle Welt- und Naturgeschichten (vielmehr hatte ich auch in diesen, wenn ich solche las, stets entzückende Fabulationen gesehen). Jetzt aber hatte bei mir jene Lebensperiode begonnen, wo es keinen Sinn mehr hat, eine fertige und mehr als genug differenzierte Persönlichkeit immer weiter auszubauen und zu differenzieren, wo statt dessen die Aufgabe sich meldet, das werte Ich wieder in der Welt untergehen zu lassen und sich, angesichts der Vergänglichkeit, den ewigen und außerzeitlichen Ordnungen einzureihen.

Diese Gedanken oder Lebensbestimmungen auszudrücken, schien mir nur durch das Mittel des Märchens möglich, und als die höchste Form des Märchens sah ich die Oper an, vermutlich weil ich an die Magie des Wortes in unserer mißbrauchten und sterbenden Sprache nicht mehr recht glauben konnte, während die Musik mir immer noch als ein lebendiger Baum erschien, an dessen Ästen auch heute noch Paradiesäpfel wachsen können. Ich wollte in meiner Oper das tun, was mir in meinen Dichtungen nie ganz hatte glücken wollen: dem Menschenleben einen hohen und entzükkenden Sinn setzen. Die Unschuld und Unerschöpflichkeit der Natur wollte ich preisen und ihren Gang bis dahin darstellen, wo sie durch das unausbleibliche Leiden gezwungen wird, sich dem Geiste zuzuwenden, dem fernen Gegenpol, und das Schwingen des Lebens zwischen den beiden Polen der Natur und des Geistes sollte sich heiter, spielend und vollendet darstellen wie die Spannung eines Regenbogens.

Allein leider gelang mir die Vollendung dieser Oper nie. Es ging mir damit, wie es mir mit der Dichtung gegangen war. Die Dichtung hatte ich aufgeben müssen, nachdem ich gesehen hatte, daß alles, was zu sagen mir wichtig schien, im «Goldenen Topf» und im «Heinrich von Ofterdingen» schon tausendmal reiner gesagt war, als ich es vermocht hätte. Und so ging es mir nun auch mit meiner Oper. Gerade als ich mit den jahrelangen musikalischen Vorstudien und mehreren Textentwürfen fertig war, und mir den eigentlichen Sinn und Gehalt meines Werkes nochmals möglichst eindringlich vorzustellen suchte, da machte ich plötzlich die Wahrnehmung, daß ich mit meiner Oper gar nichts anderes anstrebte, als was in der «Zauberflöte» längst schon herrlich gelöst ist.

Ich legte daher diese Arbeit beiseite und wandte mich nun vollends ganz der praktischen Magie zu. War mein Künstlertraum ein Wahn gewesen, war ich weder zu einem «Goldenen Topf» noch zu einer «Zauberflöte» fähig, so war ich doch zum Zauberer geboren. Auf dem östlichen Wege des Lao Tse und des I Ging war ich längst weit genug vorgedrungen, um die Zufälligkeit und Verwandelbarkeit der sogenannten Wirklichkeit genau zu kennen. Nun zwang ich diese Wirklichkeit durch Magie nach meinem Sinne, und ich muß sagen, ich hatte viel Freude daran. Ich muß jedoch auch bekennen, daß ich nicht immer mich auf jenen holden Garten beschränkt habe, den man die weiße Magie nennt, sondern je und je zog mich die kleine lebendige Flamme in mir auch auf die schwarze Seite hinüber.

Im Alter von mehr als siebzig Jahren wurde ich, nachdem eben erst zwei Universitäten mich durch die Verleihung der Würde eines Ehrendoktors ausgezeichnet hatten, wegen Verführung eines jungen Mädchens durch Zauberei vor die Gerichte gebracht. Im Gefängnis bat ich um die Erlaubnis, mich mit Malerei zu beschäftigen. Es wurde mir bewilligt. Freunde brachten mir Farben und Malzeug, und ich malte an die Wand meiner Zelle eine kleine Landschaft. Noch einmal war ich also zur Kunst zurückgekehrt, und alle Schiffbrüche, die ich als Künstler schon erlebt hatte, konnten mich nicht im geringsten daran hindern, noch einmal diesen holdesten Becher zu leeren, noch einmal wie ein spielendes Kind eine kleine geliebte Spielwelt vor mir aufzubauen und mein Herz daran zu sättigen, noch einmal alle Weisheit und Abstraktion von mir zu werfen und die primitive Lust des Zeugens aufzusuchen. Ich malte also wieder, ich mischte Farben und tauchte Pinsel ein, trank noch einmal mit Entzücken alle diese unendlichen Zauber: den hellen frohen Klang des Zinnober, den vollen reinen Klang des Gelb, den tiefen rührenden des Blau, und die Musik ihrer Vermischungen bis ins fernste, blasseste Grau hinein. Glücklich und kindlich trieb ich mein Schöpfungsspiel, und malte also eine Landschaft an die Wand meiner Zelle. Diese Landschaft enthielt fast alles, woran ich im Leben Freude gehabt hatte, Flüsse und Gebirge, Meer und Wolken, Bauern bei der Ernte, und noch eine Menge schöner Dinge, an denen ich mich vergnügte. In der Mitte des Bildes aber fuhr eine ganz kleine Eisenbahn. Sie fuhr auf einen Berg los und stak mit dem Kopf schon im Berge drin wie ein Wurm im Apfel, die Lokomotive war schon in einen kleinen Tunnel eingefahren, aus dessen dunkler Rundung flockiger Rauch herauskam.

Noch nie hatte mein Spiel mich so entzückt wie dieses Mal. Ich vergaß über dieser Rückkehr zur Kunst nicht bloß, daß ich ein Gefangener und Angeklagter war und wenig Aussicht hatte, mein Leben anderswo als in einem Zuchthause zu enden – ich vergaß oft sogar meine magischen Übungen, und schien mir Zauberer genug, wenn ich mit dünnem Pinsel einen winzigen Baum, eine kleine helle Wolke erschuf.

Indessen gab die sogenannte Wirklichkeit, mit welcher ich in der Tat nun ganz zerfallen war, sich alle Mühe, meinen Traum zu höhnen und immer wieder zu zerstören. Fast jeden Tag holte man mich, führte mich unter Bewachung in äußerst unsympathische Räumlichkeiten, wo inmitten von vielem Papier unsympathische Menschen saßen, die mich ausfragten, mir nicht glauben wollten, mich anschnauzten, mich bald wie ein dreijähriges Kind, bald wie einen abgefeimten Verbrecher behandelten. Man braucht nicht Angeklagter zu sein, um diese merkwürdige und wahrhaft höllische Welt der Kanzleien, des Papiers und der Akten kennenzulernen. Von allen Höllen, welche der Mensch sich wunderlicherweise hat schaffen müssen, ist diese mir stets als die höllischste erschienen. Du brauchst nur umziehen oder heiraten zu wollen, einen Paß oder Heimatschein zu begehren, so stehst du schon mitten in dieser Hölle, mußt saure Stunden im luftlosen Raum dieser Papierwelt hinbringen, wirst von gelangweilten und dennoch hastigen, unfrohen Menschen ausgefragt, angeschnauzt, findest für die einfachsten und wahrsten Aussagen nichts als Unglauben, wirst bald wie ein Schulkind, bald wie ein Verbrecher behandelt. Nun, jeder kennt dies ja. Längst wäre ich in der Papierhölle erstickt und verdorrt, hätten nicht meine Farben mich immer wieder getröstet und vergnügt, hätte nicht mein Bild, meine kleine schöne Landschaft, mir wieder Luft und Leben gegeben.

Vor diesem Bilde stand ich einst in meinem Gefängnis, als die Wärter wieder mit ihren langweiligen Vorladungen gelaufen kamen und mich meiner glücklichen Arbeit entreißen wollten. Da empfand ich eine Müdigkeit und etwas wie Ekel gegen all den Betrieb und diese ganze, brutale und geistlose Wirklichkeit. Es schien mir jetzt an der Zeit, der Qual ein Ende zu machen. Wenn es mir nicht erlaubt war, ungestört meine unschuldigen Künstlerspiele zu spielen, so mußte ich mich eben jener ernsteren Künste bedienen, welchen ich so manches Jahr meines Lebens gewidmet hatte. Ohne Magie war diese Welt nicht zu ertragen.

Ich erinnerte mich der chinesischen Vorschrift, stand eine Minute lang mit angehaltenem Atem und löste mich vom Wahn der Wirklichkeit. Freundlich bat ich dann die Wärter, sie möchten noch einen Augenblick Geduld haben, da ich in meinem Bilde in den Eisenbahnzug steigen und etwas dort nachsehen müsse. Sie lachten auf die gewohnte Art, denn sie hielten mich für geistig gestört.

Da machte ich mich klein und ging in mein Bild hinein, stieg in die kleine Eisenbahn und fuhr mit der kleinen Eisenbahn in den schwarzen kleinen Tunnel hinein. Eine Weile sah man noch den flockigen Rauch aus dem runden Loche kommen, dann verzog sich der Rauch und verflüchtigte sich und mit ihm das ganze Bild und mit ihm ich.

In großer Verlegenheit blieben die Wärter zurück.

Die Stadt

(1910)

«Es geht vorwärts!» rief der Ingenieur, als auf der gestern neugelegten Schienenstrecke schon der zweite Eisenbahnzug voll Menschen, Kohlen, Werkzeugen und Lebensmitteln ankam. Die Prärie glühte leise im gelben Sonnenlicht, blaudunstig stand am Horizont das hohe Waldgebirge. Wilde Hunde und erstaunte Präriebüffel sahen zu, wie in der Einöde Arbeit und Getümmel anhob, wie im grünen Lande Flecken von Kohlen und von Asche und von Papier und von Blech entstanden. Der erste Hobel schrillte durch das erschrockene Land, der erste Flintenschuß donnerte auf und verrollte am Gebirge hin, der erste Amboß klang helltönig unter raschen Hammerschlägen auf. Ein Haus aus Blech entstand, und am nächsten Tage eines aus Holz, und andere, und täglich neue, und bald auch steinerne. Die wilden Hunde und Büffel blieben fern, die Gegend wurde zahm und fruchtbar, es wehten schon im ersten Frühjahr Ebenen voll grüner Feldfrucht, Höfe und Ställe und Schuppen ragten daraus auf, Straßen schnitten durch die Wildnis.

Der Bahnhof wurde fertig und eingeweiht, und das Regierungsgebäude, und die Bank, mehrere kaum um Monate jüngere Schwesterstädte erwuchsen in der Nähe. Es kamen Arbeiter aus aller Welt, Bauern und Städter, es kamen Kaufleute und Advokaten, Prediger und Lehrer, es wurde eine Schule gegründet, drei religiöse Gemeinschaften, zwei Zeitungen. Im Westen wurden Erdölquellen gefunden, es kam großer Wohlstand in die junge Stadt. Noch ein Jahr, da gab es schon Taschendiebe, Zuhälter, Einbrecher, ein Warenhaus, einen Alkoholgegnerbund, einen Pariser Schneider, eine bayerische Bierhalle. Die Konkurrenz der Nebenstädte beschleunigte das Tempo. Nichts fehlte mehr, von der Wahlrede bis zum Streik, vom Kinotheater bis zum Spiritistenverein. Man konnte französischen Wein, norwegische Heringe, italienische Würste, englische Kleiderstoffe, russischen Kaviar in der Stadt haben. Es kamen schon Sänger, Tänzer und Musiker zweiten Ranges auf ihren Gastreisen in den Ort.

Und es kam auch langsam die Kultur. Die Stadt, die anfänglich nur eine Gründung gewesen war, begann eine Heimat zu werden. Es gab hier eine Art, sich zu grüßen, eine Art, sich im Begegnen zuzunicken, die sich von den Arten in andern Städten leicht und zart unterschied. Männer, die an der Gründung der Stadt teilgehabt hatten, genossen Achtung und Beliebtheit, ein kleiner Adel strahlte von ihnen aus. Ein junges Geschlecht wuchs auf, dem erschien die Stadt schon als eine alte, beinahe von Ewigkeit stammende Heimat. Die Zeit, da hier der erste Hammerschlag erschollen, der erste Mord geschehen, der erste Gottesdienst gehalten, die erste Zeitung gedruckt worden war, lag ferne in der Vergangenheit, war schon Geschichte.

Die Stadt hatte sich zur Beherrscherin der Nachbarstädte und zur Hauptstadt eines großen Bezirkes erhoben. An breiten, heiteren Straßen, wo einst neben Aschenhaufen und Pfützen die ersten Hütten aus Brettern und Wellblech gestanden hatten, erhoben sich ernst und ehrwürdig Amtshäuser und Banken, Theater und Kirchen, Studenten gingen schlendernd zur

Universität und Bibliothek, Krankenwagen fuhren leise zu den Kliniken, der Wagen eines Abgeordneten wurde bemerkt und begrüßt, in zwanzig gewaltigen Schulhäusern aus Stein und Eisen wurde jedes Jahr der Gründungstag der ruhmreichen Stadt mit Gesang und Vorträgen gefeiert. Die ehemalige Prärie war von Feldern, Fabriken, Dörfern bedeckt und von zwanzig Eisenbahnlinien durchschnitten, das Gebirge war nahegerückt und durch eine Bergbahn bis ins Herz der Schluchten erschlossen. Dort, oder fern am Meer, hatten die Reichen ihre Sommerhäuser.

Ein Erdbeben warf, hundert Jahre nach ihrer Gründung, die Stadt bis auf kleine Teile zu Boden. Sie erhob sich von neuem, und alles Hölzerne ward nun Stein, alles Kleine groß, alles Enge weit. Der Bahnhof war der größte des Landes, die Börse die größte des ganzen Erdteils, Architekten und Künstler schmückten die verjüngte Stadt mit öffentlichen Bauten, Anlagen, Brunnen, Denkmälern. Im Laufe dieses neuen Jahrhunderts erwarb sich die Stadt den Ruf, die schönste und reichste des Landes und eine Sehenswürdigkeit zu sein. Politiker und Architekten, Techniker und Bürgermeister fremder Städte kamen gereist, um die Bauten, Wasserleitungen, die Verwaltung und andere Einrichtungen der berühmten Stadt zu studieren. Um jene Zeit begann der Bau des neuen Rathauses, eines der größten und herrlichsten Gebäude der Welt, und da diese Zeit beginnenden Reichtums und städtischen Stolzes glücklich mit einem Aufschwung des allgemeinen Geschmacks, der Baukunst und Bildhauerei vor allem zusammentraf, ward die rasch wachsende Stadt ein keckes und wohlgefälliges Wunderwerk.

Den innern Bezirk, dessen Bauten ohne Ausnahme aus einem edlen, hellgrauen Stein bestanden, umschloß ein breiter grüner Gürtel herrlicher Parkanlagen, und jenseits dieses Ringes verloren sich Straßenzüge und Häuser in weiter Ausdehnung langsam ins Freie und Ländliche. Viel besucht und bewundert wurde ein ungeheures Museum, in dessen hundert Sälen, Höfen und Hallen die Geschichte der Stadt von ihrer Entstehung bis zur letzten Entwicklung dargestellt war. Der erste, ungeheure Vorhof dieser Anlage stellte die ehemalige Prärie dar, mit wohlgepflegten Pflanzen und Tieren und genauen Modellen der frühesten elenden Behausungen, Gassen und Einrichtungen. Da lustwandelte die Jugend der Stadt und betrachtete den Gang ihrer Geschichte, vom Zelt und Bretterschuppen an, vom ersten unebenen Schienenpfad bis zum Glanz der großstädtischen Straßen. Und sie lernten daran, von ihren Lehrern geführt und unterwiesen, die herrlichen Gesetze der Entwicklung und des Fortschritts begreifen, wie aus dem Rohen das Feine, aus dem Tier der Mensch, aus dem Wilden der Gebildete, aus der Not der Überfluß, aus der Natur die Kultur entstehe.

Im folgenden Jahrhundert erreichte die Stadt den Höhepunkt ihres Glanzes, der sich in reicher Üppigkeit entfaltete und eilig steigerte, bis eine blutige Revolution der unteren Stände dem ein Ziel setzte. Der Pöbel begann damit, viele von den großen Erdölwerken, einige Meilen von der Stadt entfernt, anzuzünden, so daß ein großer Teil des Landes mit Fabriken, Höfen und Dörfern teils verbrannte, teils verödete. Die Stadt selbst erlebte zwar Gemetzel und Greuel jeder Art, blieb aber bestehen und erholte sich in nüchternen Jahrzehnten wieder langsam, ohne aber das frühere flotte Leben und Bauen je wieder zu vermögen. Es war während ihrer üblen Zeit ein fernes Land jenseits der Meere plötzlich aufgeblüht, das lieferte Korn und Eisen, Silber und andere Schätze mit der Fülle eines unerschöpften Bodens, der noch willig hergibt. Das neue Land zog die brachen Kräfte, das Streben und Wünschen der alten Welt gewaltsam an sich, Städte blühten dort über Nacht aus der Erde, Wälder verschwanden, Wasserfälle wurden gebändigt.

Die schöne Stadt begann langsam zu verarmen. Sie war nicht mehr Herz und Gehirn einer Welt, nicht mehr Markt und Börse vieler Länder. Sie mußte damit zufrieden sein, sich am Leben zu erhalten und im Lärme neuer Zeiten nicht ganz zu erblassen. Die müßigen Kräfte, soweit sie nicht nach der fernen neuen Welt fortschwanden, hatten nichts mehr zu bauen und zu erobern und wenig mehr zu handeln und zu verdienen. Statt dessen keimte in dem nun alt gewordenen Kulturboden ein geistiges Leben, es gingen Gelehrte und Künstler von der stillwerdenden Stadt aus, Maler und Dichter. Die Nachkommen derer, welche einst auf dem jungen Boden die ersten Häuser erbaut hatten, brachten lächelnd ihre Tage in stiller, später Blüte geistiger Genüsse und Bestrebungen hin, sie malten die wehmütige Pracht alter moosiger Gärten mit verwitternden Statuen und grünen Wassern und sangen in zarten Versen vom fernen Getümmel der alten heldenhaften Zeit oder vom stillen Träumen müder Menschen in alten Palästen.

Damit klangen der Name und Ruhm dieser Stadt noch einmal durch die Welt. Mochten draußen Kriege die Völker erschüttern und große Arbeiten sie beschäftigen, hier wußte man in verstummter Abgeschiedenheit den Frieden walten und den Glanz versunkener Zeiten leise nachdämmern: stille Straßen, von Blütenzweigen überhangen, wetterfarbene Fassaden mächtiger Bauwerke über lärmlosen Plätzen träumend, moosbewachsene Brunnenschalen in leiser Musik von spielenden Wassern überronnen.

Manche Jahrhunderte war die alte träumende Stadt für die jüngere Welt ein ehrwürdiger und geliebter Ort, von Dichtern besungen und von Liebenden besucht. Doch drängte das Leben der Menschheit immer mächtiger nach anderen Erdteilen hin. Und in der Stadt selbst begannen die Nachkommen der alten einheimischen Familien auszusterben oder zu verwahrlosen. Es hatte auch die letzte geistige Blüte ihr Ziel längst erreicht, und übrig blieb nur verwesendes Gewebe. Die kleineren Nachbarstädte waren seit längeren Zeiten ganz verschwunden, zu stillen Ruinenhaufen geworden, zuweilen von ausländischen Malern und Touristen besucht, zuweilen von Zigeunern und entflohenen Verbrechern bewohnt.

Nach einem Erdbeben, das indessen die Stadt selbst verschonte, war der Lauf des Flusses verschoben und ein Teil des verödeten Landes zu Sumpf, ein anderer dürr geworden. Und von den Bergen her, wo die Reste uralter Steinbrücken und Landhäuser zerbröckelten, stieg der Wald, der alte Wald, langsam herab. Er sah die weite Gegend öde liegen und zog langsam ein Stück nach dem andern in seinen grünen Kreis, überflog hier einen Sumpf mit flüsterndem Grün, dort ein Steingeröll mit jungem, zähem Nadelgehölz.

In der Stadt hausten am Ende keine Bürger mehr, nur noch Gesindel, unholdes, wildes Volk, das in den schiefen, einsinkenden Palästen der Vorzeit Obdach nahm und in den ehemaligen Gärten und Straßen seine mageren Ziegen weidete. Auch diese letzte Bevölkerung starb allmählich in Krankheiten und Blödsinn aus, die ganze Landschaft war seit der Versumpfung vom Fieber heimgesucht und der Verlassenheit anheimgefallen.

Die Reste des alten Rathauses, das einst der Stolz seiner Zeit gewesen war, standen noch immer sehr hoch und mächtig, in Liedern aller Sprachen besungen und ein Herd unzähliger Sagen der Nachbarvölker, deren Städte auch längst verwahrlost waren und deren Kultur entartete. In Kinder-Spukgeschichten und melancholischen Hirtenliedern tauchten entstellt und verzerrt noch die Namen der Stadt und der gewesenen Pracht gespenstisch auf, und Gelehrte ferner Völker, deren Zeit jetzt blühte, kamen zuweilen auf gefährlichen Forschungsreisen in die Trümmerstätte, über deren Geheimnisse die Schulknaben entfernter Länder sich begierig unterhielten. Es sollten Tore von reinem Gold und Grabmäler voll von Edelsteinen dort sein, und die wilden Nomadenstämme der Gegend sollten aus alten fabelhaften Zeiten her verschollene Reste einer tausendjährigen Zauberkunst bewahren.

Der Wald aber stieg weiter von den Bergen her in die Ebene, Seen und Flüsse entstanden und vergingen, und der Wald rückte vor und ergriff und verhüllte langsam das ganze Land, die Reste der alten Straßenmauern, der

Paläste, Tempel, Museen, und Fuchs und Marder, Wolf und Bär bevölkerten die Einöde.

Über einem der gestürzten Paläste, von dem kein Stein mehr am Tage lag, stand eine junge Kiefer, die war vor einem Jahr noch der vorderste Bote und Vorläufer des heranwachsenden Waldes gewesen. Nun aber schaute auch sie schon wieder weit auf jungen Wuchs hinaus.

«Es geht vorwärts!» rief ein Specht, der am Stamme hämmerte, und sah den wachsenden Wald und den herrlichen, grünenden Fortschritt auf Erden zufrieden an.

Märchen vom Korbstuhl

(1918)

Ein junger Mensch saß in seiner einsamen Mansarde. Er hatte Lust, ein Maler zu werden; aber da war manches recht Schwierige zu überwinden, und fürs erste wohnte er ruhig in seiner Mansarde, wurde etwas älter und hatte sich daran gewöhnt, stundenlang vor einem kleinen Spiegel zu sitzen und versuchsweise sein Selbstbildnis zu zeichnen. Er hatte schon ein ganzes Heft mit solchen Zeichnungen angefüllt, und einige von diesen Zeichnungen hatten ihn sehr befriedigt.

«Dafür, daß ich noch völlig ohne Schulung bin», sagte er zu sich selbst, «ist dieses Blatt doch eigentlich recht gut gelungen. Und was für eine interessante Falte da neben der Nase. Man sieht, ich habe etwas vom Denker an mir, oder doch so etwas Ähnliches. Ich brauche nur die Mundwinkel ein klein wenig herunterzuziehen, dann gibt es einen so eigenen Ausdruck, direkt schwermütig.»

Nur wenn er die Zeichnungen dann einige Zeit später wieder betrachtete, gefielen sie ihm meistens gar nicht mehr. Das war unangenehm, aber er schloß daraus, daß er Fortschritte mache und immer größere Forderungen an sich selber stelle.

Mit seiner Mansarde und mit den Sachen, die er in seiner Mansarde stehen und liegen hatte, lebte dieser junge Mann nicht ganz im wünschenswertesten und innigsten Verhältnis, doch immerhin auch nicht in einem schlechten. Er tat ihnen nicht mehr und nicht

weniger Unrecht an, als die meisten Leute tun, er sah
sie kaum und kannte sie schlecht.

Wenn ihm wieder ein Selbstbildnis nicht recht gelungen war, dann las er zuweilen in Büchern, aus welchen er erfuhr, wie es anderen Leuten ergangen war,
welche gleich ihm als bescheidene und gänzlich unbekannte junge Leute angefangen hatten und dann sehr
berühmt geworden waren. Gern las er solche Bücher,
und las in ihnen seine eigene Zukunft.

So saß er eines Tages wieder etwas mißmutig und
bedrückt zu Hause und las über einen sehr berühmten
holländischen Maler. Er las, daß dieser Maler von einer
wahren Leidenschaft, ja Raserei besessen gewesen sei,
ganz und gar beherrscht von dem einen Drang, ein
guter Maler zu werden. Der junge Mann fand, daß er
mit diesem holländischen Maler manche Ähnlichkeit
habe.

Im Weiterlesen entdeckte er alsdann mancherlei,
was auf ihn selbst weniger paßte. Unter anderem las er,
wie jener Holländer bei schlechtem Wetter, wenn man
draußen nicht malen konnte, unentwegt und voll Leidenschaft alles, auch das geringste, abgemalt habe, was
ihm unter die Augen gekommen sei. So habe er einmal
ein altes Paar Holzschuhe gemalt, und ein andermal
einen alten, schiefen Stuhl, einen groben, rohen Kü-
chen- und Bauernstuhl aus gewöhnlichem Holz, mit
einem aus Stroh geflochtenen, ziemlich zerschlissenen
Sitz. Diesen Stuhl, welchen gewiß sonst niemals ein
Mensch eines Blickes gewürdigt hätte, habe nun der
Maler mit so viel Liebe und Treue, mit so viel Leidenschaft und Hingabe gemalt, daß das eines seiner schönsten Bilder geworden sei. Viele schöne und geradezu

rührende Worte fand der Schriftsteller über diesen ge-
malten Strohstuhl zu sagen.

Hier hielt der Lesende inne und besann sich. Da war
etwas Neues, was er versuchen mußte. Er beschloß,
sofort – denn er war ein junger Mann von äußerst
raschen Entschlüssen – das Beispiel dieses großen Mei-
sters nachzuahmen und einmal diesen Weg zur Größe
zu probieren.

Nun blickte er in seiner Dachstube umher und
merkte, daß er die Sachen, zwischen denen er wohnte,
eigentlich noch recht wenig angesehen hatte. Einen
krummen Stuhl mit einem aus Stroh geflochtenen Sitz
fand er nirgends, auch keine Holzschuhe standen da, er
war darum einen Augenblick betrübt und mutlos und
es ging ihm beinahe wieder wie schon so oft, wenn er
über dem Lesen vom Leben großer Männer den Mut
verloren hatte: er fand dann, daß gerade alle die Klei-
nigkeiten und Fingerzeige und wunderlichen Fügun-
gen, welche im Leben jener anderen eine so schöne
Rolle spielten, bei ihm ausblieben und vergebens auf
sich warten ließen. Doch raffte er sich bald wieder auf
und sah ein, daß es jetzt erst recht seine Aufgabe sei,
hartnäckig seinen schweren Weg zum Ruhm zu verfol-
gen. Er musterte alle Gegenstände in seinem Stübchen
und entdeckte einen Korbstuhl, der ihm recht wohl als
Modell dienen könnte.

Er zog den Stuhl mit dem Fuß ein wenig näher zu
sich, spitzte seinen Künstlerbleistift, nahm das Skiz-
zenbuch auf die Knie und fing an zu zeichnen. Ein paar
leise erste Striche schienen ihm die Form genügend
anzudeuten, und nun zog er rasch und kräftig aus und
hieb mit ein paar Strichen dick die Umrisse hin. Ein

tiefer, dreieckiger Schatten in einer Ecke lockte ihn, er gab ihn kraftvoll an, und so fuhr er fort, bis irgend etwas ihn zu stören begann.

Er machte noch eine kleine Weile weiter, dann hielt er das Heft von sich weg und sah seine Zeichnung prüfend an. Da sah er, daß der Korbstuhl stark verzeichnet war.

Zornig riß er eine neue Linie hinein und heftete dann den Blick grimmig auf den Stuhl. Es stimmte nicht. Das macht ihn böse.

«Du Satan von einem Korbstuhl», rief er heftig, «so ein launisches Vieh habe ich doch noch nie gesehen!»

Der Stuhl knackte ein wenig und sagte gleichmütig: «Ja, sieh mich nur an! Ich bin, wie ich bin, und werde mich nicht mehr ändern.»

Der Maler stieß ihn mit der Fußspitze an. Da wich der Stuhl zurück und sah jetzt wieder ganz anders aus.

«Dummer Kerl von einem Stuhl», rief der Jüngling, «an dir ist ja alles krumm und schief.» – Der Korbstuhl lächelte ein wenig und sagte sanft: «Das nennt man Perspektive, junger Herr.»

Da sprang der Jüngling auf. «Perspektive!» schrie er wütend. «Jetzt kommt dieser Bengel von einem Stuhl und will den Schulmeister spielen! Die Perspektive ist meine Angelegenheit, nicht deine, merke dir das!»

Da sagte der Stuhl nichts mehr. Der Maler ging einige Male heftig auf und ab, bis von unten her mit einem Stock zornig gegen seinen Fußboden geklopft wurde. Dort unten wohnte ein älterer Mann, ein Gelehrter, der keinen Lärm vertrug.

Er setzte sich und nahm sein letztes Selbstbildnis wieder vor. Aber es gefiel ihm nicht. Er fand, daß er in

Wirklichkeit hübscher und interessanter aussehe, und das war die Wahrheit.

Nun wollte er in seinem Buch weiterlesen. Aber da stand noch mehr von jenem holländischen Strohsessel und das ärgerte ihn. Er fand, daß man von jenem Sessel doch wirklich reichlich viel Lärm mache, und überhaupt...

Der junge Mann suchte seinen Künstlerhut und beschloß, ein wenig auszugehen. Er erinnerte sich, daß ihm schon vor längerer Zeit einmal das Unbefriedigende der Malerei aufgefallen war. Man hatte da nichts als Plage und Enttäuschungen, und schließlich konnte ja auch der beste Maler der Welt bloß die simple Oberfläche der Dinge darstellen. Für einen Menschen, der das Tiefe liebte, war das am Ende kein Beruf. Und er faßte wieder, wie schon mehrmals, ernstlich den Gedanken ins Auge, doch noch einer früheren Neigung zu folgen und lieber Schriftsteller zu werden. Der Korbstuhl blieb allein in der Mansarde zurück. Es tat ihm leid, daß sein junger Herr schon gegangen war. Er hatte gehofft, es werde sich nun endlich einmal ein ordentliches Verhältnis zwischen ihnen anspinnen. Er hätte recht gern zuweilen ein Wort gesprochen, und er wußte, daß er einen jungen Menschen wohl manches Wertvolle zu lehren haben würde. Aber es wurde nun leider nichts daraus.

Der Europäer

EINE FABEL

(1917)

Endlich hatte Gott der Herr ein Einsehen und machte dem Erdentage, der mit dem blutigen Weltkriege geendet, selber ein Ende, indem er die große Flut sandte. Mitleidig spülten die Wasserfluten hinweg, was das alternde Gestirn schändete, die blutigen Schneefelder und die von Geschützen starrenden Gebirge, die verwesenden Leichen zusammen mit denen, die um sie weinten, die Empörten und Mordlustigen zusammen mit den Verarmten, die Hungernden zusammen mit den geistig Irrgewordenen.

Freundlich sah der blaue Weltenhimmel auf die blanke Kugel herab.

Übrigens hatte sich die europäische Technik bis zuletzt glänzend bewährt. Wochenlang hatte sich Europa gegen die langsam steigenden Wasser umsichtig und zäh gehalten. Erst durch ungeheure Dämme, an welchen Millionen von Kriegsgefangenen Tag und Nacht arbeiteten; dann durch künstliche Erhöhungen, die mit fabelhafter Schnelligkeit emporstiegen und anfangs das Aussehen riesiger Terrassen hatten, dann aber mehr und mehr zu Türmen gipfelten. Von diesen Türmen aus bewährte sich menschlicher Heldensinn mit rührender Treue bis zum letzten Tage. Während Europa und alle Welt versunken und ersoffen war, gleißten von den letzten ragenden Eisentürmen noch immer grell und unbeirrt die Scheinwerfer durch die feuchte

Dämmerung der untergehenden Erde, und aus den Geschützen sausten in eleganten Bogen die Granaten hin und her. Zwei Tage vor dem Ende entschlossen sich die Führer der Mittelmächte, durch Lichtzeichen ein Friedensangebot an die Feinde zu richten. Die Feinde verlangten jedoch sofortige Räumung der noch stehenden befestigten Türme, und dazu konnten auch die entschlossensten Friedensfreunde sich nicht bereit erklären. So wurde heldenhaft geschossen bis zur letzten Stunde.

Nun war alle Welt überschwemmt. Der einzige überlebende Europäer trieb auf einem Rettungsgürtel in der Flut und war mit seinen letzten Kräften damit beschäftigt, die Ereignisse der letzten Tage aufzuschreiben, damit eine spätere Menschheit wisse, daß sein Vaterland es gewesen war, das den Untergang der letzten Feinde um Stunden überdauert und sich so für ewig die Siegespalme gesichert hatte.

Da erschien am grauen Horizont schwarz und riesig ein schwerfälliges Fahrzeug, das sich langsam dem Ermatteten näherte. Er erkannte mit Befriedigung eine gewaltige Arche und sah, ehe er in Ohnmacht sank, den uralten Patriarchen groß mit wehendem Silberbart an Bord des schwimmenden Hauses stehen. Ein gigantischer Neger fischte den Dahintreibenden auf, er lebte und kam bald wieder zu sich. Der Patriarch lächelte freundlich. Sein Werk war geglückt, es war von allen Gattungen der irdischen Lebewesen je ein Exemplar gerettet.

Während die Arche gemächlich vor dem Winde lief und auf das Sinken der trüben Wasser wartete, entspann sich an Bord ein buntes Leben. Große Fische folgten dem Fahrzeug in dichten Schwärmen, in bunten, traumhaften Geschwadern schwärmten die Vögel und Insekten über dem offenen Dache, jedes Tier und jeder Mensch war voll inniger Freude, gerettet und einem neuen Leben vorbehalten zu sein. Hell und schrill kreischte der bunte Pfau seinen Morgenruf über die Gewässer, lachend spritzte der frohe Elefant sich und sein Weib aus hochgerecktem Rüssel zum Bade, schillernd saß die Eidechse im sonnigen Gebälk; der Indianer spießte mit raschem Speerstoß glitzernde Fische aus der unendlichen Flut, der Neger rieb am Herde Feuer aus trockenen Hölzern und schlug vor Freude seiner fetten Frau in rhythmischen Taktfolgen auf die klatschenden Schenkel, mager und steil stand der Hindu mit verschränkten Armen und murmelte uralte Verse aus den Gesängen der Weltschöpfung vor sich hin. Der Eskimo lag dampfend in der Sonne und schwitzte, aus kleinen Augen lachend, Wasser und Fett von sich, beschnuppert von einem gutmütigen Tapir, und der kleine Japaner hatte sich einen dünnen Stab geschnitzt, den er sorgfältig bald auf seiner Nase, bald auf seinem Kinn balancieren ließ. Der Europäer verwendete sein Schreibzeug dazu, ein Inventar der vorhandenen Lebewesen aufzustellen.

Gruppen und Freundschaften bildeten sich, und wo je ein Streit ausbrechen wollte, wurde er von dem Patriarchen durch einen Wink beseitigt. Alles war gesellig und froh; nur der Europäer war mit seiner Schreibarbeit einsam beschäftigt.

Da entstand unter all den vielfarbigen Menschen und Tieren ein neues Spiel, indem jeder im Wettbewerb seine Fähigkeiten und Künste zeigen wollte. Alle wollten die ersten sein, und es mußte vom Patriarchen selber Ordnung geschaffen werden. Er stellte die großen Tiere und die kleinen Tiere für sich, und wieder für sich die Menschen, und jeder mußte sich melden und die Leistung nennen, mit welcher er zu glänzen dachte, dann kam einer nach dem andern an die Reihe.

Dieses famose Spiel dauerte viele Tage lang, da immer wieder eine Gruppe weglief und ihr Spiel unterbrach, um einer andern zuzusehen. Und jede schöne Leistung wurde von allen mit lautem Beifall bewundert. Wieviel Wundervolles gab es da zu sehen! Wie zeigte da jedes Geschöpf Gottes, was für Gaben in ihm verborgen waren! Wie tat sich da der Reichtum des Lebens auf! Wie wurde gelacht, wie wurde Beifall gerufen, gekräht, geklatscht, gestampft, gewiehert!

Wunderbar lief das Wiesel, und zauberhaft sang die Lerche, prachtvoll marschierte der geblähte Truthahn, und unglaublich flink kletterte das Eichhorn. Der Mandrill ahmte den Malaien nach, und der Pavian den Mandrill! Läufer und Kletterer, Schwimmer und Flieger wetteiferten unermüdet, und jeder war in seiner Weise unübertroffen und fand Geltung. Es gab Tiere, die konnten durch Zauber wirken, und Tiere, die konnten sich unsichtbar machen. Viele taten sich durch Kraft hervor, viele durch List, manche durch Angriff, manche durch Verteidigung. Insekten konnten sich schützen, indem sie wie Gras, wie Holz, wie Moos, wie Felsgestein aussahen, und andere unter den Schwachen fanden Beifall und trieben lachende Zuschauer in die Flucht, indem sie sich durch grausame Gerüche vor Angriffen zu schützen wußten. Niemand blieb zurück, niemand war ohne Gaben. Vogelnester wurden geflochten, gekleistert, gewebt, gemauert. Raubvögel konnten aus grausiger Höhe das winzigste Ding erkennen.

Und auch die Menschen machten ihre Sache vortrefflich. Wie der große Neger leicht und mühelos am Balken in die Höhe lief, wie der Malaie mit drei Griffen aus einem Palmblatt ein Ruder machte und auf winzigem Brett zu steuern und zu wenden wußte, das war des Zuschauens wert. Der Indianer traf mit leichtem Pfeil das kleinste Ziel, und sein Weib flocht eine Matte aus zweierlei Bast, die hohe Bewunderung erregte. Alles schwieg lange und staunte, als der Hindu vortrat und einige Zauberstücke zeigte. Der Chinese aber zeigte, wie man die Weizenernte durch Fleiß verdreifachen konnte, indem man die ganz jungen Pflanzen auszog und in gleichen Zwischenräumen verpflanzte.

Mehrmals hatte der Europäer, der erstaunlich wenig Liebe genoß, den Unwillen seiner Menschenvettern erregt, da er die Taten anderer mit hartem und verächtlichem Urteil bemängelte. Als der Indianer seinen Vogel hoch aus dem Blau des Himmels herunterschoß, hatte der weiße Mann die Achseln gezuckt und behauptet, mit zwanzig Gramm Dynamit schieße man dreimal so hoch! Und als man ihn aufforderte, das einmal vorzumachen, hatte er es nicht gekonnt, sondern hatte erzählt, ja wenn er das und dies und jenes und noch zehn andere Sachen hätte, dann könnte er es schon machen. Auch den Chinesen hatte er verspottet und gesagt, daß das Umpflanzen von jungem Weizen zwar gewiß unendlichen Fleiß erfordere, daß aber doch wohl eine so sklavische Arbeit ein Volk nicht glücklich machen könne. Der Chinese hatte unter Beifall erwidert, glücklich sei ein Volk, wenn es zu essen habe und die Götter ehre; der Europamann aber hatte auch hierzu spöttisch gelacht.

Weiter ging das fröhliche Wettspiel, und am Ende hatten alle, Tiere und Menschen, ihre Talente und Künste gezeigt. Der Eindruck war groß und freudig, auch der Patriarch lachte in seinen weißen Bart und sagte lobend, nun möge das Wasser ruhig verlaufen und ein neues Leben auf dieser Erde beginnen; denn noch sei jeder bunte Faden in Gottes Kleid vorhanden, und nichts fehle, um ein unendliches Glück auf Erden zu begründen.

Einzig der Europäer hatte noch kein Kunststück gezeigt, und nun verlangten alle andern stürmisch, er möge vortreten und das Seine tun, damit man sehe, ob auch er ein Recht habe, Gottes schöne Luft zu atmen und in des Patriarchen schwimmendem Hause zu fahren. Lange weigerte sich der Mann und suchte Ausflüchte. Aber nun legte ihm Noah selbst den Finger auf die Brust und mahnte ihn, ihm zu folgen.

«Auch ich», so begann nun der weiße Mann, «auch ich habe eine Fähigkeit zu hoher Tüchtigkeit gebracht und ausgebildet. Nicht das Auge ist es, das bei mir besser wäre als bei andern Wesen, und nicht das Ohr oder die Nase oder die Handfertigkeit oder irgend etwas dergleichen. Meine Gabe ist von höherer Art. Meine Gabe ist der Intellekt.»

«Vorzeigen!» rief der Neger, und alle drängten näher hinzu.

«Da ist nichts zu zeigen», sagte der Weiße mild. «Ihr habt mich wohl nicht recht verstanden. Das, wodurch ich mich auszeichne, ist der Verstand.»

Der Neger lachte munter und zeigte schneeweiße Zähne, der Hindu kräuselte spöttisch die dünnen Lippen, der Chinese lächelte schlau und gutmütig vor sich hin.

«Der Verstand?» sagte er langsam. «Also zeige uns bitte deinen Verstand. Bisher war nichts davon zu sehen.»

«Zu sehen gibt es da nichts», wehrte sich der Europäer mürrisch. «Meine Gabe und Eigenart ist diese: ich speichere in meinem Kopf die Bilder der Außenwelt auf und vermag aus diesen Bildern ganz allein für mich neue Bilder und Ordnungen herzustellen. Ich kann die ganze Welt in meinem Gehirn denken, also neu schaffen.»

Noah fuhr sich mit der Hand über die Augen.

«Erlaube», sagte er langsam, «wozu soll das gut sein? Die Welt noch einmal schaffen, die Gott schon erschaffen hat, und ganz für dich allein in deinem kleinen Kopf innen – wozu kann das nützen?»

Alle riefen Beifall und brachen in Fragen aus.

«Wartet!» rief der Europäer. «Ihr versteht mich nicht richtig. Die Arbeit des Verstandes kann man nicht so leicht vorzeigen wie irgendeine Handfertigkeit.»

Der Hindu lächelte.

«O doch, weißer Vetter, das kann man wohl. Zeige uns doch einmal eine Verstandesarbeit, zum Beispiel Rechnen. Laß uns einmal um die Wette rechnen! Also: ein Paar hat drei Kinder, von welchen jedes wieder eine Familie gründet. Jedes von den jungen Paaren bekommt jedes Jahr ein Kind. Wieviel Jahre vergehen, bis die Zahl 100 erreicht ist?»

Neugierig horchten alle zu, begannen an den Fingern zu zählen und krampfhaft zu blicken. Der Europäer begann zu rechnen. Aber schon nach einem Augenblick meldete sich der Chinese, der die Rechnung gelöst hatte.

«Sehr hübsch», gab der Weiße zu, «aber das sind bloße Geschicklichkeiten. Mein Verstand ist nicht dazu da, solche kleinen Kunststücke zu machen, sondern große Aufgaben zu lösen, auf denen das Glück der Menschheit beruht.»

«Oh, das gefällt mir», ermunterte Noah. «Das Glück zu finden, ist gewiß mehr als alle andern Geschicklichkeiten. Da hast du recht. Schnell sage uns, was du über das Glück der Menschheit zu lehren hast, wir werden dir alle dankbar sein.»

Gebannt und atemlos hingen nun alle an den Lippen des weißen Mannes. Nun kam es. Ehre sei ihm, der uns zeigen wird, wo das Glück der Menschheit ruht! Jedes böse Wort sei ihm abgebeten, dem Magier! Was brauchte er die Kunst und Geschicklichkeit von Auge, Ohr und Hand, was brauchte er den Fleiß und die Rechenkunst, wenn er solche Dinge wußte!

Der Europäer, der bisher eine stolze Miene gezeigt hatte, begann bei dieser ehrfürchtigen Neugierde allmählich verlegen zu werden.

«Es ist nicht meine Schuld!» sagte er zögernd, «aber ihr verstehet mich immer falsch! Ich sagte nicht, daß ich das Geheimnis des Glückes kenne. Ich sagte nur, mein Verstand arbeitet an Aufgaben, deren Lösung das Glück der Menschheit fördern wird. Der Weg dahin ist lang, und nicht ich noch ihr werdet sein Ende sehen. Viele Geschlechter werden noch über diesen schweren Fragen brüten!»

Die Leute standen unschlüssig und mißtrauisch. Was redete der Mann? Auch Noah schaute zur Seite und runzelte die Stirn.

Der Hindu lächelte dem Chinesen zu, und als alle andern verlegen schwiegen, sagte der Chinese freundlich: «Liebe Brüder, dieser weiße Vetter ist ein Spaßvogel. Er will uns erzählen, daß in seinem Kopfe eine Arbeit geschieht, deren Ertrag die Urenkel unserer Urenkel vielleicht einmal zu sehen bekommen werden, oder auch nicht. Ich schlage vor, wir anerkennen ihn als Spaßmacher. Er sagt uns Dinge, die wir alle nicht recht verstehen können; aber wir alle ahnen, daß diese Dinge, wenn wir sie wirklich verstünden, uns Gelegenheit zu unendlichem Gelächter geben würden. Geht es euch nicht auch so? – Gut denn, ein Hoch auf unsern Spaßmacher!»

Die meisten stimmten ein und waren froh, diese dunkle Geschichte zu einem Schluß gebracht zu sehen. Einige aber waren ungehalten und verstimmt, und der Europäer blieb allein und ohne Zuspruch stehen.

Der Neger aber, begleitet vom Eskimo, vom Indianer und dem Malaien, kam gegen Abend zu dem Patriarchen und sprach also:

«Verehrter Vater, wir haben eine Frage an dich zu richten. Dieser weiße Bursche, der sich heut über uns lustig gemacht hat, gefällt uns nicht. Ich bitte dich, überlege dir: alle Menschen und Tiere, jeder Bär und jeder Floh, jeder Fasan und jeder Mistkäfer sowie wir Menschen, alle haben irgend etwas zu zeigen gehabt, womit wir Gott Ehre darbringen und unser Leben schützen, erhöhen oder verschönen. Wunderliche Gaben haben wir gesehen, und manche waren zum Lachen; aber jedes kleinste Vieh hatte doch irgend etwas Erfreuliches und Hübsches darzubringen – einzig und allein dieser bleiche Mann, den wir zuletzt auffischten, hat nichts zu geben als sonderbare und hochmütige Worte, Anspielungen und Scherze, welche niemand begreift und welche niemand Freude machen können. – Wir fragen dich daher, lieber Vater, ob es wohl richtig ist, daß ein solches Geschöpf mithelfe, ein neues Leben auf dieser lieben Erde zu begründen? Könnte das nicht ein Unheil geben? Sieh ihn doch nur an! Seine Augen sind trüb, seine Stirn ist voller Falten, seine Hände sind blaß und schwächlich, sein Gesicht blickt böse und traurig, kein heller Klang geht von ihm aus! Gewiß, es ist nicht richtig mit ihm – weiß Gott, wer uns diesen Burschen auf unsere Arche geschickt hat!»

Freundlich hob der greise Erzvater seine hellen Augen zu den Fragenden.

«Kinder», sagte er leise und voll Güte, so daß ihre Mienen sofort lichter wurden, «liebe Kinder! Ihr habt recht, und habet auch unrecht mit dem, was ihr saget! Aber Gott hat schon seine Antwort darauf gegeben, noch ehe ihr gefragt habt. Ich muß euch zustimmen, der Mann aus dem Kriegslande ist kein sehr anmutiger Gast, und man sieht nicht recht ein, wozu solche Käuze da sein müssen. Aber Gott, der diese Art nun einmal geschaffen hat, weiß gewiß wohl, warum er es tat. Ihr alle habt diesen weißen Männern viel zu verzeihen, sie sind es, die unsere arme Erde wieder einmal bis zum Strafgericht verdorben haben. Aber sehet, Gott hat ein Zeichen dessen gegeben, was er mit dem weißen Manne im Sinne hat. Ihr alle, du Neger und du Eskimo, habet für das neue Erdenleben, das wir bald zu beginnen hoffen, eure lieben Weiber mit, du deine Negerin, du deine Indianerin, du dein Eskimoweib. Einzig der Mann aus Europa ist allein. Lange war ich traurig darüber, nun aber glaube ich, den Sinn davon zu ahnen. Dieser Mann bleibt uns aufbehalten als eine Mahnung und ein Antrieb, als ein Gespenst vielleicht. Fortpflanzen aber kann er sich nicht, es sei denn, er tauche wieder in den Strom der vielfarbigen Menschheit unter. Euer Leben auf der neuen Erde wird er nicht verderben dürfen. Seid getrost!»

Die Nacht brach ein, und am nächsten Morgen stand im Osten spitz und klein der Gipfel des heiligen Berges aus den Wassern.

Edmund

(1930)

Edmund, ein begabter Jüngling aus gutem Hause, war während mehrerer Studienjahre zum Lieblingsschüler des damals wohlbekannten Professors Zerkel geworden.

Es war zu jener Epoche, wo die sogenannte Nachkriegszeit sich ihrem Ende zuneigte, wo die großen Kriege, die große Übervölkerung und das vollkommene Verschwinden von Sitte und Religion Europa jenes verzweifelte Gesicht gegeben hatten, welches uns aus beinahe allen Bildnissen der Repräsentanten jener Zeit entgegenblickt. Noch hatte jene Epoche nicht eigentlich begonnen, welche unter dem Namen «Wiedergeburt des Mittelalters» bekannt ist, aber es war immerhin alles das, was seit mehr als hundert Jahren allgemeine Verehrung und Geltung genossen hatte, schon tief erschüttert, und es war in den weitesten Kreisen eine rasch wachsende Müdigkeit und Unlust gegenüber jenen Zweigen des Wissens und Könnens zu spüren, die man seit der Mitte des 19. Jahrhunderts bevorzugt hatte. Man hatte genug und übergenug von den analytischen Methoden, von der Technik als Selbstzweck, von den rationalistischen Erklärungskünsten, von der dünnen Vernünftigkeit jenes Weltbildes, das einige Jahrzehnte vorher die Höhe europäischer Bildung bezeichnet hatte und unter dessen Vätern einst die Namen Darwin, Marx und Haeckel hervorragten. In fortgeschrittenen Kreisen wie denen, welchen Edmund angehörte, herrschte sogar eine gewisse allgemeine Geistmüdigkeit, eine skeptische, von Eitelkeit übrigens nicht freie Lust an illusionsloser Selbstkritik, an einer kultivierten Selbstverachtung der Intelligenz und ihrer herrschenden Methoden. Zugleich wandte sich in diesen Kreisen ein fanatisches Interesse den damals hoch entwickelten Religionsforschungen zu. Man betrachtete die Zeugnisse der gewesenen Religionen nicht mehr wie bisher vor allem historisch, soziologisch oder weltanschaulich, sondern suchte ihre unmittelbaren Lebenskräfte, die psychologische und magische Wirkung ihrer Formen, Bilder und Gebräuche kennenzulernen. Immerhin herrschte bei den Älteren und Lehrern noch mehr die etwas blasierte Neugierde reiner Wissenschaftlichkeit, eine gewisse Freude am Sammeln, Vergleichen, Erklären, Einordnen und Besserwissen; die Jüngeren und Schüler hingegen betrieben diese Studien in einem neuen Geist, nämlich voll Hochachtung, ja voll Neid gegen die Erscheinungen religiösen Lebens, voll Hunger nach den Inhalten jener Kulte und Formeln, die uns die Geschichte überliefert hat, und voll heimlicher, halb lebensmüder, halb zum Glauben bereiter Begierde nach dem Kern aller jener Erscheinungen, nach einem Glauben und einer Seelenhaltung, die es ihnen vielleicht ermöglichen würde, gleich ihren fernen Vorfahren aus starken und hohen Antrieben heraus und mit jener verlorengegangenen Frische und Intensität zu leben, wie sie aus den religiösen Kulten und aus den Kunstwerken der Vorzeit strahlt.

Berühmt wurde z. B. der Fall jenes jungen Privatdozenten in Marburg, der sich vorgenommen hatte, das Leben und Sterben des frommen Dichters Novalis zu beschreiben. Bekanntlich hat dieser Novalis nach dem Tode seiner Braut den Beschluß gefaßt, ihr nachzusterben, und hat dazu als echter Frommer und Dichter nicht mechanische Mittel wie Gift oder Schußwaffen benutzt, sondern hat sich langsam durch rein seelische und magische Mittel dem Tode entgegengeführt und ist ganz früh gestorben. Der Privatdozent nun geriet in den Bann dieses merkwürdigen Lebens und Sterbens, und es ergriff ihn darüber der Wunsch, es diesem Dichter nachzutun und ihm nachzusterben, einfach durch seelische Nachahmung und Gleichrichtung. Der Antrieb dazu war nicht eigentlich Lebensüberdruß, vielmehr das Verlangen nach dem Wunder, d. h. nach Beeinflussung und Beherrschung des körperlichen Lebens durch die Kräfte der Seele. Und richtig lebte und starb er dem Dichter nach, noch nicht dreißigjährig. Der Fall erregte damals Aufsehen und wurde von allen konservativen Kreisen ebenso heftig verurteilt wie von jenem Teile der Jugend, welcher in Sport und materiellem Lebensgenuß seine Genüge fand. Aber genug davon; wir wollen hier nicht jene Zeit analysieren, sondern nur die Seelenhaltung und Stimmung der Kreise andeuten, zu welchen der Kandidat Edmund gehörte.

Dieser also studierte unter Professor Zerkel Religionswissenschaft, und sein Interesse galt beinahe ausschließlich jenen teils religiösen, teils magischen Übungen, durch welche andere Zeiten und Völker versucht hatten, sich des Lebens geistig zu bemächtigen und die Menschenseele gegen Natur und Schicksal stark zu machen. Es handelte sich ihm nicht, wie seinem Lehrer, um die denkerische und literarische Schauseite der

118

Religionen, um ihre sogenannten Weltanschauungen, sondern was er zu erkennen und zu ergründen suchte, waren die echten, direkt ins Leben wirkenden Praktiken, Übungen und Formeln: das Geheimnis von der Gewalt der Symbole und Sakramente, die Techniken der seelischen Konzentration, die Mittel zur Erzeugung schöpferischer Seelenzustände. Die oberflächliche Art, mit der man ein Jahrhundert lang diese Phänomene wie Askese, Exorzismen, Mönchtum und Eremitentum erklärt hatte, war längst einem ernstem Studium gewichen. Zur Zeit war Edmund bei Zerkel in einem exklusiven Seminar, an welchem außer ihm nur noch ein einziger vorgeschrittener Schüler teilnahm, mit dem Eindringen in gewisse magische Formeln und Tantras beschäftigt, die man neuerdings im nördlichen Indien gefunden hatte. Sein Professor hatte für diese Studien ein rein forscherisches Interesse, er sammelte und ordnete diese Erscheinungen, wie ein anderer Insekten sammeln mag. Dagegen spürte er recht wohl, daß seinen Schüler Edmund eine ganz andere Art von Begierde zu diesen Zaubersprüchen und Gebetsformeln treibe, und er hatte auch längst bemerkt, daß der Schüler in manches Geheimnis, das dem Lehrer verschlossen geblieben war, durch die frömmere Art seines Studiums eingedrungen war; er hoffte diesen guten Schüler noch lange zu behalten und sich seiner Mitarbeit zu bedienen.

Zur Zeit entzifferten, übersetzten und deuteten sie die Texte jener indischen Tantras, und soeben hatte Edmund einen dieser Sprüche aus der Ursprache folgendermaßen zu übertragen versucht:

«Wenn du in eine Lage kommst, wo deine Seele krank wird und dessen vergißt, was sie zum Leben bedarf, und du willst erkennen, was es ist, dessen sie bedarf und das du ihr geben mußt: dann mache dein Herz leer, beschränke deine Atmung auf das Mindestmaß, stelle dir das Zentrum deines Hauptes als eine leere Höhle vor, richte auf diese Höhle deinen Blick und sammle dich zu ihrer Betrachtung, so wird die Höhle plötzlich aufhören, leer zu sein, und wird dir das Bild dessen zeigen, wessen deine Seele bedarf, um weiterleben zu können.»

«Gut», sagte der Professor und nickte. «Wo Sie ‹Vergessen› sagen, müßte es wohl noch etwas genauer ‹Verlieren› heißen. Und haben Sie bemerkt, daß das Wort für ‹Höhle› dasselbe ist, das diese gerissenen Priester oder Zauberdoktoren auch für den Mutterschoß gebrauchen. Diese Burschen haben es wahrhaftig fertiggebracht, aus einer ziemlich nüchternen Gebrauchsanweisung zur Heilung von Melancholikern einen verzwickten Zauberspruch zu machen. Dieses mar pegil trafu gnoki mit seinen Anklängen an die Formel des großen Schlangenzaubers mag für den armen Bengalen, den sie damit geprellt haben, unheimlich und grausig genug geklungen haben! Die Anweisung selbst mit dem Leermachen des Herzens, der Atembeschränkung und dem Nach-Innen-Richten des Blickes bietet uns ja freilich nichts Neues, sie ist z. B. im Spruch Nr. 83 entschieden präziser formuliert. Nun, Edmund, Sie sind natürlich wieder ganz anderer Ansicht? Was meinen Sie dazu?»

«Herr Professor», sagte Edmund leise, «ich meine, daß Sie auch in diesem Fall den Wert der Formel selbst unterschätzen; es kommt hier nicht auf die wohlfeilen Ausdeutungen an, die wir den Worten geben, sondern es kommt auf die Worte selbst an, es muß zum nackten Sinn des Spruches noch etwas dazukommen, sein Klang, die Wahl seltener und altertümlicher Worte, das Assoziationen weckende Anklingen an den Schlangenzauber – erst all dieses zusammen gab dem Spruch seine magische Gewalt.»

«Falls er sie wirklich hatte!» lachte der Professor. «Es ist eigentlich schade, daß Sie nicht damals gelebt haben, als diese Sprüche noch lebendig waren. Sie wären ein höchst dankbares Objekt für die Zauberkünste dieser Spruchdichter gewesen. Aber Sie sind nun leider einige tausend Jahre zu spät gekommen, und ich möchte mit Ihnen wetten: Sie mögen sich noch so sehr bemühen, die Vorschriften dieses Spruches auszuführen, es wird nicht das mindeste Ergebnis herauskommen.»

Er wandte sich dem andern Schüler zu und sprach interessant und in guter Laune weiter.

Inzwischen überlas Edmund seinen Spruch nochmals, er hatte ihm besonderen Eindruck gemacht durch seine Eingangsworte, die ihm auf ihn selbst und seine Lage zu passen schienen. Wort für Wort sprach er sich die Formel im Innern vor, und versuchte zugleich, ihre Vorschriften genau zu erfüllen:

«Wenn du in eine Lage kommst, wo deine Seele krank wird und dessen vergißt, was sie zum Leben bedarf, und du willst erkennen, was es ist, dessen sie bedarf und das du ihr geben mußt: dann mache dein Herz leer, beschränke deine Atmung usw.»

Es gelang ihm besser als bei früheren Versuchen,

sich zu konzentrieren. Er befolgte die Anweisungen, und ein Gefühl sagte ihm, es sei dafür wirklich der Augenblick gekommen, seine Seele sei in Gefahr und habe das Wichtigste vergessen.

Schon kurz nach Beginn des einfachen Atem-Yoga, das er oft geübt hatte, fühlte er etwas in seinem Innern geschehen, fühlte dann in der Mitte seines Kopfes eine kleine Höhlung entstehen, sah sie klein und dunkel gähnen, richtete mit zunehmender Glut seine Aufmerksamkeit auf die nußgroße Höhle, oder den «Mutterschoß». Und die Höhle begann sich zögernd von innen her zu erhellen, und die Helligkeit nahm allmählich zu, und klar und klarer enthüllte sich seinem Blick in der Höhle das Bild dessen, was zu tun ihm nötig war, damit er das Leben weiterleben könne. Er erschrak nicht über das Bild, er zweifelte keinen Augenblick an seiner Echtheit; er spürte im Innersten, daß das Bild recht habe, daß es ihm nichts zeige als das «vergessene» tiefste Bedürfnis seiner Seele.

So folgte er denn, von dem Bilde mit nie gekannten Kräften gespeist, freudig und sicher dem Befehl des Bildes und führte die Tat aus, deren Vorbild er in der Höhle erblickt hatte. Er schlug die während der Übung gesenkten Lider wieder auf, er erhob sich von der Bank, trat einen Schritt vor, streckte die Hände aus, legte sie beide um den Hals des Professors und drückte ihn so lange zusammen, bis er fühlte, daß es genug sei. Er ließ den Erdrosselten zu Boden sinken, wendete sich weg, und wurde erst jetzt daran erinnert, daß er nicht allein sei: Sein Mitschüler saß totenbleich in der Bank, Schweißtropfen auf der Stirn, und starrte ihn mit Entsetzen an.

«Es hat sich alles wörtlich und buchstäblich erfüllt!» rief Edmund begeistert. «Ich machte mein Herz leer, ich atmete flach, ich dachte an die Höhle im Kopf, ich richtete meinen Blick nach ihr, bis er wirklich nach innen ging, und gleich kam auch schon das Bild; ich sah den Lehrer und sah mich selbst, und sah meine Hände um seinen Hals und alles. Ganz von selber gehorchte ich dem Bilde, es brauchte keine Kraft, es bedurfte keines Entschlusses. Und jetzt ist mir so wunderbar wohl wie noch nie in meinem ganzen Leben.»

«Mensch», rief der andere, «komm doch zu dir und besinne dich! Du hast getötet! Du bist ein Mörder! Sie werden dich dafür hinrichten!»

Edmund hörte nicht zu. Vorerst drangen diese Worte nicht bis zu ihm. Er sagte leise die Worte der Formel vor sich hin: «mar pegil trafu gnoki» und sah vor sich weder tote noch lebende Lehrer, sondern die unbeschränkte Weite der Welt und des Lebens, die ihm offen stand.

König Yu

EINE GESCHICHTE AUS DEM ALTEN CHINA

(1929)

Nicht häufig sind in der alten chinesischen Geschichte die Beispiele von Regenten und Staatsmännern, welche ihren Untergang dadurch fanden, daß sie unter den Einfluß eines Weibes und einer Verliebtheit gerieten. Eins dieser seltenen Beispiele, ein sehr merkwürdiges, ist das des Königs Yu von Dschou und seiner Frau Bau Si.

Das Land Dschou stieß im Westen an die Länder der mongolischen Barbaren, und seine Residenz Fong lag mitten in einem unsichern Gebiet, das von Zeit zu Zeit den Überfällen und Raubzügen jener Barbarenstämme ausgesetzt war. Darum mußte daran gedacht werden, den Grenzschutz möglichst zu verstärken und namentlich die Residenz besser zu schützen.

Von König Yu nun, der kein schlechter Staatsmann war und auf gute Ratgeber zu hören wußte, berichten uns die Geschichtsbücher, daß er es verstand, durch sinnreiche Einrichtungen die Nachteile seiner Grenze auszugleichen, daß aber alle diese sinnreichen und bewundernswerten Einrichtungen durch die Launen einer hübschen Frau wieder zunichte gemacht wurden.

Der König nämlich richtete mit Hilfe aller seiner Lehnsfürsten an der Westgrenze einen Grenzschutz ein, und dieser Grenzschutz hatte gleich allen politischen Gebilden eine doppelte Gestalt: eine moralische nämlich und eine mechanische. Die moralische

Grundlage des Übereinkommens war der Schwur und die Zuverlässigkeit der Fürsten und ihrer Beamten, deren jeder sich verpflichtete, sofort auf den ersten Notruf hin mit seinen Soldaten der Residenz und dem König zu Hilfe zu eilen. Die Mechanik aber, deren der König sich bediente, bestand in einem wohl ausgedachten System von Türmen, die er an seiner Westgrenze bauen ließ. Auf jedem dieser Türme sollte Tag und Nacht Wachdienst getan werden, und die Türme waren mit sehr starken Trommeln ausgerüstet. Geschah nun an irgendeiner Stelle der Grenze ein feindlicher Einbruch, so schlug der nächste Turm seine Trommel, und von Turm zu Turm flog das Trommelzeichen in kürzester Zeit durch das ganze Land.

Lange Zeit war König Yu mit dieser klugen und verdienstreichen Einrichtung beschäftigt, hatte Unterredungen mit seinen Fürsten, hörte die Berichte der Baumeister, ordnete das Einexerzieren des Wachdienstes an. Nun hatte er aber eine Lieblingsfrau mit Namen Bau Si, eine schöne Frau, die es verstand, sich mehr Einfluß auf Herz und Sinn des Königs zu verschaffen, als für einen Herrscher und sein Reich gut ist. Bau Si verfolgte gleich ihrem Herrn die Arbeiten an der Grenze mit großer Neugier und Teilnahme, so wie zuweilen ein lebhaftes und kluges Mädchen den Spielen der Knaben mit Bewunderung und Eifer zusieht. Einer der Baumeister hatte ihr, um die Sache recht anschaulich zu machen, von dem Grenzschutz ein zierliches Modell aus Ton verfertigt, bemalt und gebrannt; da war die Grenze dargestellt und das System von Türmen, und in jedem der kleinen zierlichen Tontürme stand ein unendlich kleiner tönerner Wächter, und statt der Trommel war ein kleinwinziges Glöckchen eingehängt. Dieses hübsche Spielzeug machte der Königsfrau unendliches Vergnügen, und wenn sie zuweilen schlechter Laune war, so schlugen ihre Dienerinnen ihr meistens vor, «Barbarenüberfall» zu spielen. Dann stellten sie alle die Türmchen auf, zogen an den Zwergglöckchen und wurden dabei sehr vergnügt und ausgelassen.

Es war ein großer Tag in des Königs Lebens, als endlich die Bauten fertig, die Trommeln aufgestellt und ihre Bediener eingedrillt waren und als nun nach vorheriger Verabredung an einem glückbringenden Kalendertag der neue Grenzschutz auf die Probe gestellt wurde. Der König, stolz auf seine Taten, war voll Spannung; die Hofbeamten standen zum Glückwünschen bereit, am meisten von allen aber war die schöne Frau Bau Si in Erwartung und Aufregung und konnte es kaum erwarten, bis alle vorbereitenden Zeremonien und Anrufungen vollendet waren.

Endlich war es soweit, und es sollte zum erstenmal im großen und wirklichen jenes Turm- und Trommelspiel gespielt werden, das der Königsfrau so oft Vergnügen bereitet hatte. Kaum konnte sie sich zurückhalten, selbst in das Spiel einzugreifen und Befehle zu geben, so groß war ihre freudige Erregung. Mit ernstem Gesicht gab ihr der König einen Wink, und sie beherrschte sich. Die Stunde war gekommen; es sollte nun im großen und mit wirklichen Türmen, mit wirklichen Trommeln und Menschen «Barbarenüberfall» gespielt werden, um zu sehen, wie alles sich bewähre. Der König gab das Zeichen, der erste Hofbeamte übergab den Befehl dem Hauptmann der Reiterei, der

Hauptmann ritt vor den ersten Wachtturm und gab Befehl, die Trommel zu rühren. Gewaltig dröhnte der tiefe Trommelton, feierlich und tief beklemmend rührte der Klang an jedes Ohr. Bau Si war vor Erregung bleich geworden und fing zu zittern an. Gewaltig sang die große Kriegstrommel ihren rauhen Erdbebengesang, einen Gesang voll Mahnung und Drohung, voll von Zukünftigem, von Krieg und Not, von Angst und Untergang. Alle hörten ihn mit Ehrfurcht. Nun begann er zu verklingen, da hörte man vom nächsten Turm die Antwort, fern und schwach und rasch ersterbend, und dann hörte man nichts mehr und nach einer kleinen Weile nahm das feierliche Schweigen ein Ende, man sprach wieder, man ging auf und ab und begann sich zu unterhalten.

Unterdessen lief der tiefe drohende Trommelklang vom zweiten zum dritten und zehnten und dreißigsten Turm, und wo er hörbar wurde, mußte nach strengem Befehl jeder Soldat alsbald bewaffnet und mit gefülltem Brotbeutel am Treffpunkt antreten, mußte jeder Hauptmann und Oberst, ohne einen Augenblick zu verlieren, den Abmarsch rüsten und aufs äußerste beschleunigen, mußte gewisse vorbestimmte Befehle ins Innere des Landes senden. Überall wo der Trommelklang gehört worden war, wurde Arbeit und Mahlzeit, Spiel und Schlaf unterbrochen, wurde gepackt, wurde gesattelt, gesammelt, marschiert und geritten. In kürzester Frist waren aus allen Nachbarbezirken eilige Truppen unterwegs zur Residenz Fong.

In Fong, inmitten des Hofes, hatte die Ergriffenheit und Spannung, welche beim Ertönen der furchtbaren Trommel sich jedes Gemüts bemächtigt hatte, bald wieder nachgelassen. Angeregt und plaudernd bewegte man sich in den Gärten der Residenz, die ganze Stadt hatte Feiertag, und als nach weniger als drei Stunden schon von zwei Seiten her kleine und größere Kavalkaden sich näherten, und dann von Stunde zu Stunde neue eintrafen, was den ganzen Tag und die beiden folgenden Tage andauerte, ergriff den König, die Beamten und Offiziere eine immer wachsende Begeisterung. Der König wurde mit Ehrungen und Glückwünschen überhäuft, die Baumeister bekamen ein Gastmahl, und der Trommler vom Turm I, der den ersten Trommelschlag getan hatte, wurde vom Volk bekränzt, in den Straßen umhergeführt und von jedermann beschenkt.

Völlig hingerissen und wie berauscht aber war jene Frau des Königs, Bau Si. Herrlicher als sie es sich je hatte vorzustellen vermögen, war ihr Türmchen- und Glöckchenspiel Wirklichkeit geworden. Magisch war der Befehl, gehüllt in die weite Tonwelle des Trommelklangs, in das leere Land hinein entschwunden; und lebendig, lebensgroß, ungeheuer kam seine Wirkung aus den Fernen zurückgeströmt, aus dem herzbeklemmenden Geheul jener Trommel war ein Heer geworden, ein Heer von wohlbewaffneten Hunderten und Tausenden, die in stetigem Strom, in stetiger eiliger Bewegung vom Horizont her geritten und marschiert kamen: Bogenschützen, leichte und schwere Reiter, Lanzenträger erfüllten mit zunehmendem Getümmel allmählich allen Raum rund um die Stadt herum, wo sie empfangen und an ihre Standorte gewiesen, wo sie begrüßt und bewirtet wurden, wo sie sich lagerten, Zelte aufschlugen und Feuer entzündeten.

Tag und Nacht dauerte es an, wie ein Märchenspuk kamen sie aus dem grauen Erdboden heraus, fern, winzig, in Staubwölkchen gehüllt, um zuletzt hier, dicht vor den Augen des Hofes und der entzückten Bau Si, in überwältigender Wirklichkeit aufgereiht zu stehen.

König Yu war sehr zufrieden, und besonders zufrieden war er mit dem Entzücken seiner Lieblingsfrau; sie strahlte vor Glück wie eine Blume und war ihm noch niemals so schön erschienen. Feste haben keine Dauer. Auch dies große Fest verklang und wich dem Alltag: keine Wunder geschahen mehr, keine Märchenträume wurden erfüllt. Müßigen und launischen Menschen scheint dies unerträglich. Bau Si verlor einige Wochen nach dem Fest alle ihre gute Laune wieder. Das kleine Spiel mit den tönernen Türmchen und den an Bindfäden gezogenen Glöcklein war so fad geworden, seit sie das große Spiel gekostet hatte. O wie berauschend war das gewesen! Und da lag nun alles bereit, das beseligende Spiel zu wiederholen: da standen die Türme und hingen die Trommeln, da zogen die Soldaten auf Wache und saßen die Trommler in ihren Uniformen, alles wartend, alles auf den großen Befehl gespannt, und alles tot und unnütz, solange der Befehl nicht kam!

Bau Si verlor ihr Lachen, sie verlor ihre strahlende Laune; mißmutig sah der König sich seiner liebsten Gespielin, seines Abendtrostes beraubt. Er mußte seine Geschenke aufs höchste steigern, um nur ein Lächeln bei ihr erreichen zu können. Es wäre nun der Augenblick für ihn gewesen, die Lage zu erkennen und die kleine süße Zärtlichkeit seiner Pflicht zu opfern. Yu aber war schwach. Daß Bau Si wieder lache, schien ihm wichtiger als alles andre.

So erlag er ihrer Versuchung, langsam und unter Widerstand, aber er erlag. Bau Si brachte ihn so weit, daß er seiner Pflicht vergaß. Tausendmal wiederholten Bitten erliegend, erfüllte er ihr den einzigen großen Wunsch ihres Herzens: er willigte ein, der Grenzwache das Signal zu geben, als sei der Feind in Sicht. Alsbald erklang die tiefe, erregende Stimme der Kriegstrommel. Furchtbar schien sie diesmal dem König zu tönen, und auch Bau Si erschrak bei dem Klang. Dann aber wiederholte sich das ganze entzückende Spiel: Es tauchten am Rande der Welt die kleinen Staubwolken auf, es kamen die Truppen geritten und marschiert, drei Tage lang, es verneigten sich die Feldherrn, es schlugen die Soldaten ihre Zelte auf. Bau Si war selig, ihr Lachen strahlte. König Yu aber hatte schwere Stunden. Er mußte bekennen, daß kein Feind ihn überfallen habe, daß alles ruhig sei. Er suchte zwar den falschen Alarm zu rechtfertigen, indem er ihn als eine heilsame Übung erklärte. Es wurde ihm nicht widersprochen, man verbeugte sich und nahm es hin. Aber es sprach sich unter den Offizieren herum, man sei auf einen treulosen Streich des Königs hereingefallen, nur seiner Buhlfrau zuliebe habe er die ganze Grenze alarmiert und sie alle in Bewegung gesetzt, alle die Tausende. Und die meisten der Offiziere wurden unter sich einig, einem solchen Befehl künftig nicht mehr zu folgen. Inzwischen gab der König sich Mühe, den verstimmten Truppen durch reichliche Bewirtung die Laune zu heilen. So hatte Bau Si ihr Ziel erreicht.

Noch ehe sie aber von neuem in Launen verfallen und das gewissenlose Spiel abermals erneuern konnte, traf ihn und sie die Strafe. Die Barbaren im Westen, vielleicht zufällig, vielleicht auch weil eine Kunde von jener Geschichte zu ihnen gedrungen war, kamen eines Tages plötzlich in großen Schwärmen über die Grenze geritten. Unverzüglich gaben die Türme ihre Zeichen, dringlich mahnte der tiefe Trommelklang und lief bis zur fernsten Grenze. Aber das vortreffliche Spielzeug, dessen Mechanik so sehr zu bewundern war, schien jetzt zerbrochen zu sein – wohl tönten die Trommeln, nichts aber tönte diesmal in den Herzen der Soldaten und Offiziere des Landes. Sie folgten der Trommel nicht, und vergebens spähte der König mit Bau Si nach allen Seiten; nirgend erhoben sich Staubwolken, nirgendher kamen die kleinen grauen Züge gekrochen, niemand kam ihm zu Hilfe.

Mit den wenigen Truppen, welche gerade vorhanden waren, eilte der König den Barbaren entgegen. Aber diese waren in großer Zahl; sie schlugen die Truppen, sie nahmen die Residenz Fong ein, sie zerstörten den Palast, zerstörten die Türme. König Yu verlor sein Reich und sein Leben, und nicht anders erging es seiner Lieblingsfrau Bau Si, von deren verderblichem Lachen noch heute die Geschichtsbücher erzählen.

Fong wurde zerstört, das Spiel war Ernst geworden. Es gab kein Trommelspiel mehr, und keinen König Yu, und keine lachende Frau Bau Si. Yus Nachfolger, König Ping, fand keinen andern Ausweg, als daß er Fong aufgab und die Residenz weiter nach Osten verlegte; er mußte die künftige Sicherheit seiner Herrschaft durch Bündnisse mit Nachbarfürsten und durch Abtretung großer Landstrecken an diese erkaufen.

Vogel

EIN MÄRCHEN

(1932)

Vogel lebte in früheren Zeiten in der Gegend des Montagsdorfes. Er war weder besonders bunt noch sang er besonders schön, noch war er etwa groß und stattlich; nein, die ihn noch gesehen haben, nennen ihn klein, ja winzig. Er war auch nicht eigentlich schön, eher war er sonderbar und fremdartig, er hatte eben das Sonderbare und Großartige an sich, was alle jene Tiere und Wesen an sich haben, welche keiner Gattung noch Art angehören. Er war nicht Habicht noch Huhn, er war nicht Meise noch Specht noch Fink, er war der Vogel vom Montagsdorf, es gab nirgends seinesgleichen, es gab ihn nur dieses eine Mal, und man wußte von ihm seit Urzeiten und Menschengedenken, und wenn auch nur die Leute der eigentlichen Montagsdörfer Gegend ihn wirklich kannten, so wußte doch auch weithin die Nachbarschaft von ihm, und die Montagsdörfler wurden, wie jeder, der etwas ganz Besonderes zu eigen hat, manchmal auch mit ihm gehänselt. «Die Leute vom Montagsdorf», hieß es, «haben eben ihren Vogel.» Über Careno bis nach Morbio und weiter wußte man von ihm und erzählte Geschichten von ihm. Aber wie das oft so geht: erst in neuerer Zeit, ja eigentlich erst seit er nicht mehr da ist, hat man versucht, ganz genaue und zuverlässige Auskünfte über ihn zu bekommen, viele Fremde fragten nach ihm, und schon mancher Montagsdörfler hat sich von ihnen mit Wein bewirten und ausfragen lassen, bis er endlich gestand, daß er selber den Vogel nie gesehen habe. Aber hatte auch nicht jeder mehr ihn gesehen, so hatte doch jeder mindestens noch einen gekannt, der Vogel einmal oder öfter gesehen und von ihm erzählt hatte. Das alles wurde nun ausgeforscht und aufgeschrieben, und es war sonderbar, wie verschieden alle die Berichte und Beschreibungen lauteten, sowohl über Aussehen, Stimme und Flug des Vogels wie über seine Gewohnheiten und über die Art seines Umganges mit den Menschen.

In früheren Zeiten soll man Vogel viel öfter gesehen haben, und wem er begegnete, der hatte immer eine Freude, es war jedesmal ein Erlebnis, ein Glücksfall, ein kleines Abenteuer, so wie es ja auch für Freunde der Natur schon ein kleines Erlebnis und Glück ist, wenn sie je und je einen Fuchs oder Kuckuck zu Gesicht bekommen und beobachten können. Es ist dann, wie wenn für Augenblicke entweder die Kreatur ihre Angst vor dem mörderischen Menschen verloren hätte, oder wie wenn der Mensch selbst wieder in die Unschuld eines vormenschlichen Lebens einbezogen wäre. Es gab Leute, welche wenig auf Vogel achteten, wie es auch Leute gibt, die sich aus dem Fund einer ersten Enziane und aus der Begegnung mit einer alten klugen Schlange wenig machen, andre aber liebten ihn sehr, und jedem war es eine Freude und Auszeichnung, wenn er ihm begegnete. Gelegentlich, wenn auch selten, hörte man die Meinung aussprechen, er sei vielleicht eher schädlich oder doch unheimlich: wer ihn erblickt habe, der sei eine Zeitlang so aufgeregt und träume nachts viel und unruhig, und spürte etwas wie

Unbehagen oder Heimweh im Gemüt. Andre stellten das durchaus in Abrede und sagten, es gebe kein köstlicheres und edleres Gefühl als jenes, das Vogel nach jeder Begegnung hinterlasse, es sei einem dann ums Herz wie nach dem Sakrament oder wie nach dem Anhören eines schönen Liedes, man denke an alles Schöne und Vorbildliche und nehme sich im Innern vor, ein anderer und besserer Mensch zu werden.

Ein Mann namens Schalaster, ein Vetter des bekannten Sehuster, der manche Jahre Bürgermeister des Montagsdorfes war, kümmerte sich zeitlebens besonders viel um Vogel. Jedes Jahr, erzählte er, sei er ihm ein oder zwei oder auch mehrere Male begegnet, und es sei ihm dann jedesmal tagelang sonderbar zumute gewesen, nicht eigentlich fröhlich, aber eigentümlich bewegt und erwartungs- oder ahnungsvoll, das Herz schlage an solchen Tagen anders als sonst, beinahe tue es ein klein wenig weh, auf jeden Fall spüre man es in der Brust, während man ja sonst kaum wisse, daß man ein Herz habe. Überhaupt, meinte Schalaster gelegentlich, wenn er darauf zu sprechen kam, es sei eben doch keine Kleinigkeit, diesen Vogel in der Gegend zu haben, man dürfe wohl stolz auf ihn sein, er sei eine große Seltenheit, und man sollte meinen: ein Mensch, dem sich dieser geheimnisvolle Vogel öfter als anderen zeige, der habe wohl etwas Besonderes und Höheres in sich.

(Über Schalaster sei für Leser der höher gebildeten Stände bemerkt: Er war der Kronzeuge und die viel zitierte Hauptquelle jener eschatologischen Deutung des Vogel-Phänomens, welche inzwischen schon wieder in Vergessenheit geraten ist; außerdem war Schalaster nach dem Verschwinden Vogels der Wortführer jener kleinen Partei im Montagsdorfe, welche unbedingt daran glaubte, daß Vogel noch am Leben sei und sich wieder zeigen werde.)

«Als ich ihn das erstemal gesehen habe», berichtete Schalaster*, «war ich ein kleiner Knabe und ging noch nicht in die Schule. Hinter unserem Haus im Obstgarten war gerade das Gras geschnitten und ich stand bei einem Kirschenbaum, der einen niederen Ast bis zu mir herunterhangen hatte, und sah mir die harten grünen Kirschen an, da flog Vogel aus dem Baum herunter und ich merkte gleich, daß er anders sei als die Vögel, die ich sonst gesehen hatte, und er setzte sich in die Grasstoppeln und hüpfte da herum; ich lief ihm neugierig und bewundernd durch den ganzen Garten nach, er sah mich öfter aus seinen Glanzaugen an und hüpfte wieder weiter, es war, wie wenn einer für sich allein tanzt und singt, ich merkte ganz gut, daß er mich damit locken und mir eine Freude machen wolle. Am Hals hatte er etwas Weißes. Er tanzte auf dem Grasplan hin bis zum hinteren Zaun, wo die Brennesseln stehen, über die schwang er sich weg und setzte sich auf einen Zaunpfahl, zwitscherte und sah mich noch einmal sehr freundlich an, dann war er so plötzlich und unversehens verschwunden, daß ich ganz erschrak. Auch später habe ich das oft bemerkt: kein andres Tier vermag so blitzschnell und immer im Augenblick, wo man nicht darauf gefaßt ist, zu erscheinen und wieder zu verschwinden wie Vogel. Ich lief hinein und zur Mut-

---

*   Siehe Avis montagnolens, res gestae ex recens. Ninonis p. 285 ff.

ter und erzählte ihr, was mir geschehen war, da sagte sie gleich, das sei der Vogel ohne Namen, und es sei gut, daß ich ihn gesehen habe, es bringe Glück.»

Schalaster beschreibt, hierin von manchen anderen Schilderungen etwas abweichend, Vogel als klein, kaum größer als ein Zaunkönig, und das winzigste an ihm sei sein Kopf, ein wunderlich kleines, kluges und bewegliches Köpfchen, er sehe unscheinbar aus, man kenne ihn aber sofort an seinem graublonden Schopf und daran, daß er einen anschaue, das täten andere Vögel nie. Der Schopf sei, wenn auch weit kleiner, dem eines Hähers ähnlich und wippe oft lebhaft auf und ab, überhaupt sei Vogel sehr beweglich, im Flug wie auch zu Fuße, seine Bewegungen seien geschmeidig und ausdrucksvoll; es scheine immer, als habe er mit den Augen, dem Kopfnicken, dem Schopfrücken, mit Gang und Flug etwas mitzuteilen, einen an etwas zu erinnern, er erscheine immer wie im Auftrag, wie ein Bote, und so oft man ihn gesehen habe, müsse man eine Zeitlang an ihn denken und über ihn nachsinnen, was er wohl gewollt habe und bedeute. Auskundschaften und belauern lasse er sich nicht gern, nie wisse man, woher er komme, immer sei er ganz plötzlich da, sitze in der Nähe und tue, als sei er da immer gesessen, und dann habe er diesen freundlichen Blick. Man wisse doch, daß die Vögel sonst harte, scheue und glasige Augen haben und einen nicht anschauen, er aber blicke ganz heiter und gewissermaßen wohlwollend.

Von alters her gab es über Vogel auch verschiedene Gerüchte und Sagen. Heute hört man ja seltener von ihm sprechen, die Menschen haben sich verändert und das Leben ist härter geworden, die jungen Leute gehen fast alle zur Arbeit in die Stadt, die Familien sitzen nicht mehr die Sommerabende auf der Türstaffel und die Winterabende am Herdfeuer beisammen, man hat zu nichts mehr Zeit, kaum kennt so ein junger Mensch von heute noch ein paar Waldblumen oder einen Schmetterling mit Namen. Dennoch hört man auch heute noch gelegentlich eine alte Frau oder einen Großvater den Kindern Vogelgeschichten erzählen. Eine von diesen Vogelsagen, vielleicht die älteste, berichtet: Vogel vom Montagsdorf sei so alt wie die Welt, er sei einstmals dabei gewesen, als Abel von seinem Bruder Kain erschlagen wurde, und habe einen Tropfen von Abels Blut getrunken, dann sei er mit der Botschaft von Abels Tod davongeflogen und teile sie heute noch den Leuten mit, damit man die Geschichte nicht vergesse und sich vor ihr mahnen lasse, das Menschenleben heiligzuhalten und brüderlich miteinander zu leben. Diese Abelsage ist auch schon in alten Zeiten aufgezeichnet worden und es gibt Lieder über sie, aber die Gelehrten sagen, die Sage vom Abelvogel sei zwar uralt, sie werde in vielen Ländern und Sprachen erzählt, aber auf den Vogel vom Montagsdorf sei sie wohl nur irrtümlich übertragen worden. Sie geben zu bedenken, daß es doch ungereimt wäre, wenn der vieltausendjährige Abelvogel sich später in dieser einzigen Gegend niedergelassen und nirgends sonst sich mehr gezeigt hätte.

Wir könnten nun zwar unsrerseits «zu bedenken geben», daß es in den Sagen nicht immer so vernünftig zuzugehen braucht wie an Akademien, und könnten fragen, ob es nicht gerade die Gelehrten sind, durch welche in die Frage nach Vogel so viel Ungewißheit und Widersprüche hineingekommen sind; denn früher ist, soweit wir wissen, über Vogel und seine Sagen niemals Streit entstanden, und wenn einer über Vogel anders erzählt als sein Nachbar, so nahm man das gelassen hin und es diente sogar Vogel zur Ehre, daß die Menschen über ihn so verschieden denken und erzählen konnten. Man könnte noch weiter gehen und gegen die Gelehrten den Vorwurf erheben, sie hätten nicht nur die Ausrottung Vogels auf dem Gewissen, sondern seien durch ihre Untersuchungen jetzt auch noch bestrebt, die Erinnerung an ihn und die Sagen von ihm in Nichts aufzulösen, wie ja denn das Auflösen, bis nichts übrig bleibe, zu den Beschäftigungen des Gelehrten zu gehören scheine. Allein wer von uns hätte den traurigen Mut, die Gelehrten so gröblich anzugreifen, denen doch die Wissenschaft so manches, wenn nicht alles verdankt?

Nein, kehren wir zu den Sagen zurück, welche früher über Vogel erzählt wurden und von welchen auch heute noch Reste beim Landvolk zu finden sind. Die meisten von ihnen erklären Vogel für ein verzaubertes, verwandeltes oder verwünschtes Wesen. Auf den Einfluß der Morgenlandfahrer, in deren Geschichte die Gegend zwischen Montagsdorf und Morbio eine gewisse Rolle spielt und deren Spuren man dort allerorten antrifft, mag die Sage zurückzuführen sein, Vogel sei ein verzauberter Hohenstaufe, nämlich jener letzte große Kaiser und Magier aus diesem Geschlecht, der in Sizilien geherrscht und die Geheimnisse der arabischen Weisheit gekannt hat. Meistens hört man sagen, Vogel sei früher ein Prinz gewesen oder auch (wie z. B. Sehuster gehört haben will) ein Zauberer, welcher einst ein rotes Haus am Schlangenhügel bewohnte und in der Gegend Ansehen genoß, bis das neue Flachsenfingische Landrecht in der Gegend eingeführt wurde, wonach mancher brotlos wurde, weil das Zaubern, Versemachen, Sichverwandeln und andre solche Gewerbe für verboten erklärt und mit Infamie belegt wurden. Damals habe der Zauberer Brombeeren und Akazien um sein rotes Haus gesät, das denn auch bald in Dornen verschwand, habe sein Grundstück verlassen und sei, von den Schlangen in langem Zuge begleitet, in den Wäldern verschwunden. Als Vogel kehre er von Zeit zu Zeit wieder, um Menschenseelen zu berücken und wieder Zauberei zu üben. Nichts andres als Zauber sei natürlich der eigentümliche Einfluß, den er auf viele habe; der Erzähler wolle es dahingestellt sein lassen, ob es Zauberei von der weißen oder der schwarzen Art sei, die er treibe.

Ebenfalls auf die Morgenlandfahrer zurückzuführen sind ohne Zweifel jene merkwürdigen, auf eine Schicht mutterrechtlicher Kultur deutenden Sagenreste, in welchen die «Ausländerin», auch Ninon genannt, eine Rolle spielt. Manche dieser Fabeleien berichten, dieser Ausländerin sei es gelungen, Vogel einzufangen und jahrelang gefangenzuhalten, bis das Dorf sich einst empört und seinen Vogel wieder befreit habe. Es gibt aber auch das Gerücht, Ninon die Ausländerin habe den Vogel, noch lange ehe er in Vogelgestalt verwunschen wurde, noch als Magier gekannt und habe im roten Hause mit ihm gewohnt, sie hätten dort lange schwarze Schlangen und grüne Eidechsen mit blauen Pfauenköpfen gezüchtet, und noch heute sei der Brombeerenhügel überm Montagsdorf voller

Schlangen, und noch heute könne man deutlich sehen, wie jede Schlange und jede Eidechse, wenn sie über jene Stelle komme, wo einst die Schwelle zur Zauberwerkstatt des Magiers gewesen, einen Augenblick innehalte, den Kopf emporhebe und sich dann verneige. Eine längst verstorbene uralte Frau im Dorf namens Nina soll diese Version erzählt und darauf geschworen haben, sie habe oft und oft auf jenem Dornenhügel Kräuter gesucht und dabei die Nattern sich an jener Stelle verneigen sehen, wo noch jetzt der vielhundertjährige Strunk eines Rosenbäumchens den Eingang zum einstigen Zaubererhaus bezeichne. Dagegen versichern andre Stimmen auf das bestimmteste, Ninon habe mit dem Zauberer nicht das mindeste zu tun gehabt, sie sei erst viel, viel später im Gefolge der Morgenlandfahrer in diese Gegend gekommen, als Vogel längst ein Vogel gewesen sei.

Noch ist kein volles Menschenalter hingegangen, seit Vogel zuletzt gesehen worden ist. Aber die alten Leute sterben so unversehens weg, auch der «Baron» ist jetzt tot und auch der vergnügte Mario geht längst nicht mehr so aufrecht einher, wie wir ihn gekannt haben, und eines Tages wird plötzlich keiner mehr da sein, der die Vogelzeit noch miterlebt hat, darum wollen wir, so verworren sie scheint, die Geschichte aufzeichnen, wie es mit Vogel stand und wie es dann mit ihm ein Ende genommen hat.

Liegt auch das Montagsdorf ziemlich abseits und sind die stillen kleinen Waldschluchten jener Gegend nicht vielen bekannt, wo der Milan den Wald regiert und der Kuckuck allerenden ruft, so sind doch des öftern auch Fremde Vogels ansichtig und mit seinen Legenden bekannt geworden; der Maler Klingsor soll lange in einer Palastruine dort gehaust haben, die Schlucht von Morbio wurde durch den Morgenlandfahrer Leo bekannt (von ihm soll übrigens, nach einer eher absurden Variante der Sage, Ninon das Rezept des Bischofsbrotes erhalten haben, mit dem sie Vogel fütterte und wodurch sie ihn zähmte). Kurz, es sprach sich über unsre jahrhundertelang so unbekannte und unbescholtene Gegend manches in der Welt herum, und es gab fern von uns in Großstädten und an Hochschulen Leute, welche Dissertationen über den Weg Leos nach Morbio schrieben und sich sehr für die verschiedenen Erzählungen vom Montagsdörfer Vogel interessierten. Es wurde dabei allerlei Voreiliges gesagt und geschrieben, das die ernstere Sagenforschung wieder auszumerzen bemüht ist. Unter andrem tauchte mehr als einmal die absurde Behauptung auf, Vogel sei identisch mit dem bekannten Piktorvogel, welcher in Beziehungen zum Maler Klingsor stand und die Gabe der Verwandlung sowie viel geheimes Wissen besaß. Aber jener durch Piktor bekanntgewordene «Vogel rot und grün, ein Vogel schön und kühn» ist in den Quellen[*] so genau beschrieben, daß man die Möglichkeit einer solchen Verwechslung kaum begreift.

Und endlich spitzte sich dieses Interesse der gelehrten Welt für uns Montagsdörfler und unsern Vogel, und damit zugleich die Geschichte Vogels folgendermaßen zu. Es lief eines Tages bei unsrem damaligen

---

[*] Pictoris cuiusdam de mutationibus, Bibl. av. Montagn. codex LXI.

Bürgermeister, es war der schon erwähnte Sehuster, ein Schreiben seiner vorgesetzten Behörde ein des Inhalts, durch seine H. G. den Herrn Gesandten des Ostgotischen Kaiserreichs werde, im Auftrage von Geheimrat Lützkenstett dem Vielwissenden, dem dasigen Bürgermeisteramt folgendes mitgeteilt und zur Bekanntmachung in seiner Gemeinde dringlich empfohlen: Ein gewisser Vogel ohne Namen, in mundartlichen Redewendungen als «Vogel vom Montagsdorf» bezeichnet, werde unter Unterstützung des Kultusministeriums von Geheimrat Lützkenstett erforscht und gesucht. Wer Mitteilungen über den Vogel, über seine Lebensweise, seine Nahrung, über die von ihm handelnden Sprichwörter, Sagen usw. zu machen habe, möge sie durch das Bürgermeisteramt an die Kaiserlich Ostgotische Gesandtschaft in Bern richten. Ferner: wer genanntem Bürgermeisteramt, zur Übermachung an eben jene Gesandtschaft, fraglichen Vogel lebendig und gesund einliefere, solle dafür eine Belohnung von tausend Dukaten in Gold bekommen; für den toten Vogel hingegen oder seinen wohlerhaltenen Balg käme nur eine Entlohnung von hundert Dukaten in Betracht.

Lange saß der Bürgermeister und studierte dieses amtliche Schreiben. Es schien ihm unbillig und lächerlich, zu was allem die Behörden sich da wieder hergaben. Wäre ihm, Sehustern, dieses selbe Ansinnen von seiten des gelehrten Goten selber oder auch von seiten der Ostgotischen Gesandtschaft zugegangen, so hätte er es unbeantwortet vernichtet, oder er hätte den Herren kurz angedeutet, für solche Spielereien sei Bürgermeister Sehuster nicht zu haben und sie möchten ihm freundlichst in die Schuhe blasen. So aber kam das Ansinnen von seiner eigenen Behörde, es war ein Befehl, und dem Befehl mußte er Folge leisten. Auch der alte Gemeindeschreiber Balmelli, nachdem er das Schreiben mit weitsichtigen Augen und lang ausgestreckten Armen gelesen, unterdrückte das spöttische Lächeln, dessen ihm diese Affäre würdig schien, und stellte fest: «Wir müssen gehorchen, Herr Sehuster, es hilft nichts. Ich werde den Text für einen öffentlichen Anschlag aufsetzen.»

Nach einigen Tagen erfuhr es also die ganze Gemeinde durch Anschlag am Rathausbrett: Vogel war vogelfrei, das Ausland begehrte ihn und setzte Preise auf seinen Kopf, Eidgenossenschaft und Kanton hatten es unterlassen, den sagenhaften Vogel in Schutz zu nehmen, wie immer kümmerten sie sich den Teufel um den kleinen Mann und das, was ihm lieb und wert ist. Dies war wenigstens die Meinung Balmellis und vieler. Wer den armen Vogel fangen oder totschießen wollte, dem winkte hoher Lohn, und wem es gelang, der war ein wohlhabender Mann. Alle sprachen davon, alle standen beim Rathaus, drängten sich um das Anschlagebrett und äußerten sich lebhaft. Die jungen Leute waren höchst vergnügt, sie beschlossen alsbald Fallen zu stellen und Ruten zu legen. Die alte Nina schüttelte den greisen Sperberkopf und sagte: «Es ist eine Sünde, und der Bundesrat sollte sich schämen. Sie würden den Heiland selber ausliefern, diese Leute, wenn es Geld einbrächte. Aber sie kriegen ihn nicht, Gott sei Dank, sie kriegen ihn nicht!»

Ganz still verhielt sich Schalaster, des Bürgermeisters Vetter, als auch er den Anschlag gelesen hatte. Er sagte kein Wort, las sehr aufmerksam ein zweites Mal, unterließ darauf den Kirchgang, den er an jenem Sonntagmorgen im Sinn gehabt hatte, schritt langsam gegen das Haus des Bürgermeisters, trat in dessen Garten, besann sich plötzlich eines andern, kehrte um und lief nach Hause.

Schalaster hatte zeitlebens zu Vogel ein besonderes Verhältnis gehabt. Er hatte ihn öfter als andre gesehen und besser beobachtet, er gehörte, wenn man so sagen darf, zu denen, welche an Vogel glaubten, ihn ernst nahmen und ihm eine Art von höherer Bedeutung zuschrieben. Darum wirkte auf diesen Mann die Bekanntmachung sehr heftig und sehr zwiespältig. Im ersten Augenblick freilich empfand er nichts anderes als die alte Nina und als die meisten bejahrten und ans Hergebrachte anhänglichen Bürger: er war erschrocken und war empört darüber, daß auf ausländisches Begehren hin sein Vogel, ein Schatz und Wahrzeichen von Dorf und Gegend, sollte ausgeliefert und gefangen oder getötet werden! Wie, dieser seltene und geheimnisvolle Gast aus den Wäldern, dieses märchenhafte, seit alters bekannte Wesen, wegen dessen das Montagsdorf berühmt und auch bespöttelt worden war und von dem es so mancherlei Erzählungen und Sagen vererbte – dieser Vogel sollte um Geldes und der Wissenschaft willen der mörderischen Neugierde eines Gelehrten hingeopfert werden? Es schien unerhört und schlechthin undenkbar. Es war ein Sakrileg, wozu man da aufgefordert wurde. Indessen jedoch andrerseits, wenn man alles erwog und dies und jenes in diese und jene Waagschale warf: war nicht demjenigen, der das Sakrileg vollzöge, ein außerordentliches und glänzendes Schicksal zugesagt? Und bedurfte es, um des gepriesenen Vogels habhaft zu werden, nicht vermutlich eines besonderen, auserwählten und von lange her vorbestimmten Mannes, eines, der schon von Kindesbeinen an in einem geheimeren und vertrauteren Umgang mit Vogel stand und in dessen Schicksale verflochten war? Und wer konnte dieser auserwählte und einzigartige Mann sein, wer anders als er, Schalaster? Und wenn es ein Sakrileg und ein Verbrechen war, sich an Vogel zu vergreifen, ein Sakrileg vergleichbar dem Verrat des Judas Ischariot am Heilande – war denn nicht eben dieser Verrat, war nicht des Heilands Tod und Opferung notwendig und heilig und seit den ältesten Zeiten vorbestimmt und prophezeit gewesen? Hätte es, so fragte Schalaster sich und die Welt, hätte es das geringste genützt, hätte es Gottes Ratschluß und Erlösungswerk etwa im mindesten ändern oder hindern können, wenn jener Ischariot sich aus Moral- und Vernunftgründen seiner Rolle entzogen und des Verrats geweigert hätte?

Solche Wege etwa liefen die Gedanken Schalasters, und sie wühlten ihn gewaltig auf. In demselben heimatlichen Obstgarten, wo er einst als kleiner Knabe Vogel zum erstenmal erblickt und den wunderlichen Glücksschauer dieses Abenteuers gespürt hatte, wandelte er jetzt auf der Rückseite seines Hauses unruhig auf und nieder, am Ziegenstall, am Küchenfenster, am Kaninchenverschlag vorbei, mit dem Sonntagsrock die an der Scheunenrückwand aufgehängten Heurechen, Gabeln und Sensen streifend, von Gedanken, Wünschen und Entschlüssen bis zur Trunkenheit erregt und benommen, schweren Herzens, an jenen Judas denkend, tausend schwere Traumdukaten im Sack.

Inzwischen ging im Dorfe die Aufregung weiter. Dort hatte sich seit dem Bekanntwerden der Nachricht fast die ganze Gemeinde vor dem Rathaus versammelt, von Zeit zu Zeit trat einer ans Brett, um den Anschlag nochmals anzustarren, alle brachten ihre Meinungen und Absichten kraftvoll und mit gut gewählten Beweisen aus Erfahrung, Mutterwitz und Heiliger Schrift zum Ausdruck, nur wenige gab es, welche nicht vom ersten Augenblick an Ja oder Nein zu diesem Anschlag sagten, der das ganze Dorf in zwei Lager spaltete. Wohl ging es manchem so wie Schalastern, daß er nämlich die Jagd auf Vogel scheußlich fand, die Dukaten indessen doch gern gehabt hätte, allein es war nicht eines jeden Sache, diesen Zwiespalt so sorgfältig und kompliziert in sich zum Austrag zu bringen. Die jungen Burschen nahmen es am leichtesten. Moralische oder heimatschützlerische Bedenken konnten ihre Unternehmungslust nicht anfechten. Sie meinten, man müsse es mit Fallen probieren, vielleicht habe man Glück und erwische den Vogel, wenn auch die Hoffnung vielleicht nicht groß sei, man wisse ja nicht, mit welchen Ködern Vogel zu locken sei. Bekäme ihn aber einer zu Gesicht, so tue er wohl daran, unverzüglich zu schießen, denn schließlich seien hundert Dukaten im Beutel immerhin besser als tausend in der Einbildung. Laut wurde ihnen zugestimmt, sie genossen ihre Taten im voraus und stritten sich schon über die Einzelheiten der Vogeljagd. Man solle ihm ein gutes Gewehr geben, schrie einer, und eine kleine Anzahlung von einem halben Dukaten, so sei er bereit, sofort loszuziehen und den ganzen Sonntag zu opfern. Die Gegner aber, zu denen fast alle älteren Leute gehörten, fanden das alles unerhört und riefen oder murmelten Sprüche der Weisheit und Verwünschungen über dies Volk von heute, dem nichts mehr heilig und Treu und Glauben abhanden gekommen sind. Ihnen erwiderten lachend die Jungen, daß es sich hier nicht um Treu und Glauben handle, sondern um das Schießenkönnen, und daß sich ja immer die Tugend und Weisheit bei jenen finde, deren halbblinde Augen auf keine Vögel mehr zielen und deren Gichtfinger keine Flinte mehr halten könnten. Und so ging es munter hin und wider, und das Volk übte seinen Witz an dem neuen Problem, beinah hätten sie die Mittags- und Essensstunde vergessen. In mehr oder weniger naher Beziehung zu Vogel berichteten sie leidenschaftlich und beredt von Erfolgen und von Mißerfolgen in ihren Familien, erinnerten jedermann eindringlich an den seligen Großvater Nathanael, an den alten Sehuster, an den sagenhaften Durchmarsch der Morgenlandfahrer, führten Verse aus dem Gesangbuch und gute Stellen aus Opern an, fanden einander unausstehlich und konnten sich doch voneinander nicht trennen, beriefen sich auf Wahlsprüche und Erfahrungssätze ihrer Vorfahren, hielten Monologe über frühere Zeiten, über den verstorbenen Bischof, über durchlittene Krankheiten. Ein alter Bauer z. B. wollte während eines schweren Leidens vom Krankenlager aus durchs Fenster Vogel erblickt haben, nur einen Augenblick, aber von diesem Augenblick an sei es ihm besser gegangen. Sie redeten, teils jeder für sich und an innere Gesichte hingegeben, teils den Dorfgenossen zugewendet, werbend oder anklagend, zustimmend oder verhöhnend, sie hatten im Streit wie in der Einigkeit ein wohltuendes Gefühl von der Stärke, dem Alter, dem ewigen Bestand ihrer Zusammengehörigkeit, kamen sich alt und klug, kamen sich jung und klug vor, hänselten einander, verteidigten mit Wärme und vollem Recht die guten Sitten der Väter, zogen mit Wärme und vollem Recht die guten Sitten der Väter in Zweifel, pochten auf ihre Vorfahren, lächelten über ihre Vorfahren, rühmten ihr Alter und ihre Erfahrung, rühmten ihre Jugend und ihren Übermut, ließen es bis nahe zur Prügelei kommen, brüllten, lachten, kosteten Gemeinschaft und Reibung, wateten alle bis zum Halse in der Überzeugung, recht zu haben und es den andern tüchtig gesagt zu haben.

Mitten in diesen Redeübungen und Parteibildungen aber, während gerade die neunzigjährige Nina ihren blonden Enkel beschwor, seiner Ahnen zu gedenken und sich doch nicht dieser gottlosen und grausamen, dazu gefährlichen Vogeljagd anzuschließen, und während die Jungen ehrfurchtslos vor ihrem greisen Angesicht eine Jagdpantomime aufführten, imaginäre Büchsen an ihre Wangen legten, mit eingekniffenem Auge zielten und dann Piffpaff schrien, da ereignete sich etwas so ganz Unerwartetes, daß alt und jung mitten im Wort verstummten und wie versteinert stehen blieben. Auf einen Ausruf des alten Balmelli hin folgten alle Blicke der Richtung seines ausgestreckten Armes und Fingers, und sie sahen, in plötzlich eingetretnem tiefen Schweigen, wie vom Dach des Rathauses sich Vogel, der vielbesprochene Vogel herabschwang, auf der Kante des Anschlagbrettes sich niedersetzte, den runden kleinen Kopf am Flügel rieb, den Schnabel

wetzte und eine kurze Melodie zwitscherte, wie er mit
dem flinken Schwänzchen auf und niederwippend
Triller schlug, wie er das Schöpfchen in die Höhe
sträubte, und sich, den manche von den Dorfleuten
nur vom Hörensagen kannten, vor aller Augen eine
ganze Weile putzte und zeigte und den Kopf neugierig
hinunterbog, als wolle auch er diesen Anschlag der
Behörde lesen und erfahren, wie viele Dukaten auf ihn
geboten seien. Es mochten vielleicht bloß ein paar
Augenblicke sein, daß er sich aufhielt, es kam aber
allen wie ein feierlicher Besuch und eine Herausforde-
rung vor, und niemand machte jetzt Piffpaff, sondern
sie standen alle und staunten bezaubert auf den kühnen
Gast, der da zu ihnen geflogen gekommen war und
diesen Ort und Augenblick sichtlich nur gewählt hatte, um sich über sie lustig zu machen. Verwundert und
verlegen glotzten sie auf ihn, der sie so überrascht
hatte, beseligt und mit Wohlwollen starrten sie den
feinen kleinen Burschen an, von welchem da eben so
viel gesprochen worden, wegen dessen ihre Gegend
berühmt war, der einst ein Zeuge von Abels Tod oder
ein Hohenstaufe oder Prinz oder Zauberer gewesen
war und in einem roten Haus am Schlangenhügel gewohnt hatte, dort wo noch jetzt die vielen Nattern
lebten, ihn, der die Neugierde und Habgier ausländi-
scher Gelehrter und Großmächte erweckt hatte, ihn,
auf dessen Gefangennahme ein Preis von tausend
Goldstücken gesetzt war. Sie bewunderten und liebten
ihn alle sehr, auch die, welche schon eine Sekunde
später vor Ärger fluchten und stampften, daß sie nicht
ihr Jagdgewehr bei sich gehabt hätten, sie liebten ihn
und waren auf ihn stolz, er gehörte ihnen, er war ihr

Ruhm, ihre Ehre, er saß, mit dem Schwanze wippend, mit gesträubtem Schöpfchen, dicht über ihren Köpfen auf der Brettkante wie ihr Fürst oder ihr Wappen. Und erst als er plötzlich entschwunden und die von allen angestarrte Stelle leer war, erwachten sie langsam aus der Bezauberung, lachten einander zu, riefen Bravo, priesen den Vogel hoch, schrien nach Flinten, fragten, nach welcher Richtung er entflogen sei, erinnerten sich, daß dies derselbe Vogel sei, von dem der alte Bauer einst war geheilt worden, den der Großvater der neunzigjährigen Nina schon gekannt hatte, fühlten etwas Wunderliches, etwas wie Glück und Lachlust und aber zugleich etwas wie Geheimnis, Zauber und Grausen, und fingen plötzlich alle an, auseinanderzulaufen, um zur Suppe nach Haus zu kommen und um jetzt dieser aufregenden Volksversammlung ein Ende zu machen, in welcher alle Gemütskräfte des Dorfes in Wallung gekommen waren und deren König offenbar Vogel gewesen war. Es wurde still vor dem Rathaus, und als eine Weile später das Mittagsläuten anhob, lag der Platz leer und ausgestorben, und auf das weiße besonnte Papier des Anschlags sank langsam Schatten herab, der Schatten der Leiste, auf welcher eben noch Vogel gesessen war.

Schalaster schritt unterdessen, in Gedanken versunken, hinter seinem Hause auf und ab, an den Rechen und Sensen, am Kaninchen- und am Ziegenstall vorbei; seine Schritte waren allmählich ruhig und gleichmäßig geworden, seine theologischen und moralischen Erwägungen kamen immer näher zum Gleichgewicht und Stillstand. Die Mittagsglocke weckte ihn, leicht erschrocken und ernüchtert kehrte er zum Augenblick zurück, erkannte den Glockenruf, wußte, daß nun sogleich die Stimme seiner Frau ihn zum Essen rufen werde, schämte sich ein klein wenig seiner Versponnenheit und trat härter mit den Stiefeln auf. Und jetzt, gerade in dem Augenblick, da die Stimme seiner Frau sich erhob, um die Dorfglocke zu bestätigen, war es ihm mit einemmal, als flimmere es ihm vor den Augen. Ein schwirrendes Geräusch pfiff dicht an ihm vorbei und etwas wie ein kurzer Luftzug, und im Kirschbaum saß Vogel, saß leicht wie eine Blüte am Zweig und wippte spielend mit seinem Federschopf, drehte das Köpfchen, piepte leise, schaute dem Mann in die Augen, er kannte den Vogelblick seit seinen Kinderjahren, und war schon wieder aufgehüpft und durch Gezweig und Lüfte entschwunden, noch ehe der starr blickende Schalaster Zeit gehabt hatte, das Schnellerwerden seines Herzschlags richtig zu spüren.

Von dieser sonntäglichen Mittagsstunde an, in welcher Vogel auf Schalasters Kirschbaum saß, ist er nur noch ein einziges Mal von einem Menschen erblickt worden, und zwar nochmals von eben diesem Schalaster, dem Vetter des damaligen Bürgermeisters. Er hatte es sich fest vorgenommen, Vogels habhaft zu werden und die Dukaten zu bekommen, und da er, der alte Vogelkenner, genau wußte, daß es niemals glücken würde, ihn einzufangen, hatte er eine alte Flinte instand gesetzt und sich einen Vorrat Schrot vom feinsten Kaliber verschafft, den man Vogeldunst nannte. Würde er, so war seine Rechnung, mit diesem feinen Schrot auf ihn schießen, so war es wahrscheinlich, daß Vogel nicht getötet und zerstückt herabfiele, sondern daß eins der winzigen Schrotkörnchen ihn leicht verletzen und der Schreck ihn betäuben würde. So war es möglich, ihn lebendig in die Hände zu bekommen. Der umsichtige Mann bereitete alles vor, was seinem Vorhaben dienen konnte, auch einen kleinen Singvogelkäfig zum Einsperren des Gefangenen, und von nun an gab er sich die erdenklichste Mühe, sich niemals weit von seiner stets geladenen Flinte zu entfernen. Wo immer es anging, führte er sie bei sich, und wo es nicht anging, etwa beim Kirchgang, tat es ihm leid um den Gang.

Trotzdem hatte er in dem Augenblick, da ihm Vogel wieder begegnete – es war im Herbst jenes Jahres –, seine Flinte gerade nicht zur Hand. Es war ganz in der Nähe seines Hauses, Vogel war wie gewohnt lautlos aufgetaucht und hatte ihn erst, nachdem er sich niedergesetzt, mit dem vertrauten Zwitschern begrüßt; er saß vergnügt auf einem knorrigen Aststrunk der alten Weide, von welcher Schalaster stets die Zweige zum Aufbinden des Spalierobstes schnitt. Da saß er, keine zehn Schritte weit, und zwitscherte und schwatzte, und während sein Feind im Herzen noch einmal jenes wunderliche Glücksgefühl spürte (selig und weh zugleich, als würde man an ein Leben gemahnt, das zu leben man doch nicht fähig war), lief ihm zugleich der Schweiß in den Nacken vor Bangigkeit und Sorge, wie er rasch genug zu seinem Schießgewehr kommen sollte. Er wußte ja, daß Vogel niemals lange blieb. Er eilte ins Haus, kam mit der Flinte zurück, sah Vogel noch immer in der Weide sitzen und pirschte sich nun langsam und leise auftretend näher und näher zu ihm hin. Vogel war arglos, ihm machte weder die Flinte noch das wunderliche Benehmen des Mannes Sorge, eines aufgeregten Mannes mit stieren Augen, geduckten Bewegungen und schlechtem Gewissen, dem es sichtlich viel Mühe machte, den Unbefangenen zu spielen. Vogel ließ ihn nahe herankommen, blickte ihn vertraulich an, suchte ihn zu ermuntern, schaute schelmisch zu, wie der Bauer die Flinte hob, wie er ein Auge zudrückte und lange zielte. Endlich krachte der Schuß, und noch hatte das Rauchwölkchen sich nicht in Bewegung gesetzt, so lag Schalaster schon auf den Knien unter der Weide und suchte. Von der Weide bis zum Gartenzaun und zurück, bis zu den Bienenständen und zurück, bis zum Bohnenbeet und zurück suchte er das Gras ab, jede Handbreit, zweimal, dreimal, eine Stunde lang, zwei Stunden lang, und am nächsten Morgen wieder und wieder. Er konnte Vogel nicht finden, er konnte nicht eine einzige Feder von ihm finden. Er hatte sich davongemacht, es war ihm hier zu plump zugegangen, es hatte zu laut geknallt, Vogel liebte die Freiheit, er liebte die Wälder und die Stille, es hatte ihm hier nicht mehr gefallen. Fort war er, auch diesmal hatte Schalaster nicht sehen können, nach welcher Richtung er entflogen war. Vielleicht war er ins Haus am Schlangenhügel heimgekehrt, und die blaugrünen Eidechsen verneigten sich an der Schwelle vor ihm. Vielleicht war er noch weiter in die Räume und Zeiten zurück entflohen, zu den Hohenstaufen, zu Kain und Abel, ins Paradies.

Seit jenem Tag ist Vogel nicht mehr gesehen worden. Gesprochen wurde noch viel von ihm, das ist auch heute nach allen den Jahren noch nicht verstummt, und in einer ostgotischen Universitätsstadt erschien ein Buch über ihn. Wenn in den alten Zeiten allerlei Sagen über ihn erzählt wurden, so ist er seit seinem Verschwinden selber eine Sage geworden, und bald wird niemand mehr sein, der es wird beschwören können, daß Vogel wirklich gelebt hat, daß er einst der gute Geist seiner Gegend war, daß einst hohe Preise auf ihn ausgesetzt waren, daß einst auf ihn geschossen worden ist. Das alles wird einst, wenn in spätern Zeiten wieder ein Gelehrter diese Sage erforscht, vielleicht als Erfindung der Volksphantasie nachgewiesen und aus den Gesetzen der Mythenbildung Zug um Zug erklärt werden. Denn es ist freilich nicht zu leugnen: überall und immer wieder gibt es Wesen, die von den andern als besonders, als hübsch und anmutig empfunden und von manchen als gute Geister verehrt werden, weil sie an ein schöneres, freieres, beschwingteres Leben mahnen, als wir es führen, und überall geht es dann ähnlich: daß die Enkel sich über die guten Geister der Großväter lustig machen, daß die hübschen anmutigen Wesen eines Tages gejagt und totgeschlagen werden, daß man Preise auf ihre Köpfe oder Bälge setzt, und daß dann ein wenig später ihr Dasein zu einer Sage wird, die mit Vogelflügeln weiterfliegt.

Niemand kann sagen, welche Formen einst die Kunde von Vogel noch annehmen wird. Daß Schalaster erst in jüngster Zeit auf eine schreckliche Art verunglückt ist, höchstwahrscheinlich durch Selbstmord, sei der Ordnung wegen noch berichtet, ohne daß wir uns erlauben mögen, Kommentare daran zu knüpfen.

HERMANN HESSE wurde am 2. Juli 1877 in Calw geboren. Nach einem einjährigen Aufenthalt im evangelisch-theologischen Seminar in Maulbronn und daran anschließender Buchhändlerlehre arbeitete er von 1899 an als Buchhändler und Antiquar in Basel. Ab 1904 lebte er, von Reisen durch Europa und nach Indien (1911) abgesehen, zurückgezogen am Bodensee, später im Tessin und nahm 1923 die Schweizer Staatsbürgerschaft an. 1946 erhielt Hermann Hesse den Nobelpreis, 1955 den Friedenspreis des Deutschen Buchhandels. Er starb am 9. August 1962 in Montagnola (Schweiz).

Die ersten neuromantischen Erzählungen und Romane Hesses waren stark autobiographisch geprägte Werke, in denen er den Versuch, sich von seiner streng pietistischen Erziehung zu lösen, literarisch verarbeitete. Sein schriftstellerisches Wirken war wesentlich von dem Gegensatz Geist–Natur (Leben) bestimmt, dem er auf seiner Suche nach einem harmonischen Ausgleich in immer neuen Variationen Ausdruck verlieh. André Gide sieht in Hesses Werk «ein dichterisches Bemühen um die Befreiung von allem Künstlichen, ein Versuch, sich dem Willkürlichen, Erzwungenen zu entziehen und den gefährdeten Eigenwert immer aufs neue zu behaupten».

Auch die künstlerisch verfremdeten autobiographischen Skizzen, Märchen, Erzählungen und Parodien des Bandes «Traumfährte» gewähren uns überraschende Einblicke in die Persönlichkeit und das schriftstellerische Selbstverständnis Hermann Hesses. Fast alle dieser kleinen Prosastücke sind Reflexionen über die künstlerischen Ambitionen und die soziale Situation des Schriftstellers.

Die zwischen 1910 und 1932 entstandenen Erzählungen wurden erstmals 1945 in Buchform veröffentlicht. Unserem Druck liegt die 1959 im Suhrkamp Verlag, Frankfurt, erschienene Ausgabe zugrunde, wobei die beiden Texte «Schwäbische Parodie» und «Vom Steppenwolf» hier nicht aufgenommen wurden.   D. L.

CIP-Titelaufnahme der Deutschen Bibliothek

Hesse, Hermann:
Traumfährte: Erzählungen und Märchen /
Hermann Hesse. –
Zürich: Manesse Verlag, 1989
(Manesse Bücherei; Bd. 26)
ISBN 3-7175-8152-X
NE: GT

Buchgestaltung
Brigitte und Hans Peter Willberg, Eppstein